EL ESPÍRITU

DE

Esdras

Max Urbina Rojas

Primera Edición: 2020

Derecho de Autor: A-2217-2020

ISBN: 978-956-401-552-1

maxalejandrourbinarojas@gmail.com

Calama / Región de Antofagasta, Chile

-El Espíritu de Esdras

Max Urbina Rojas, Pastor de la Iglesia;
Centro Mundial de Avivamiento RUAJ

CONTENIDOS

$\mathscr{P}$REFACIO

El espíritu de Esdras es una de las unciones que mayor trascendencia e importancia tendrán en los últimos tiempos, que por cierto, los estamos viviendo ahora, ya que es parte de la restauración de la iglesia, para establecer fundamentos que edifiquen a los santos en su función del cuerpo de Cristo, será una parte importante en los ministerios que Jesucristo constituyó, cuyo propósito es el de perfeccionar a los santos, para la edificación del cuerpo de Cristo. Es necesario señalar que los cinco ministerios siempre han existido a lo largo de toda la escritura y han sido manifestados por el Espíritu Santo, por medio de los siervos de Dios, los cuales han sido un pilar fundamental justamente para el propósito descrito anteriormente, el de edificar y perfeccionar el cuerpo de Cristo.

Del espíritu de Esdras es muy poco lo que se sabe o se ha desarrollado, a pesar que es perfectamente deducible su función principal, que es de educar, enseñar, revelar y restaurar, sin embargo hay mucho más que podemos aprender acerca de uno de las más importantes esencias de enseñanza en cuanto a su función en el último siglo de la Iglesia.

Durante mucho tiempo he estado investigando acerca de la enseñanza, la revelación, el entendimiento de las escrituras, las cuales no se pueden comprender sin la ayuda del Espíritu Santo, quien reparte dones, enseña, guía, direcciona y capacita al cuerpo de Cristo. Algo clave que aprendí es que el Espíritu Santo no trabaja sólo, sino que trabaja en equipo, con otros espíritus como lo es; el espíritu de Sabiduría, de temor de YHWH, de consejo, de poder, etc.

Es emocionante conocer acerca del espíritu de Esdras, que será muy importante para traer verdades bíblicas y a la vez para derribar argumentos, destruir fortalezas y llevar cautivo todo pensamiento a la obediencia de Cristo.

DEDICATORIA

-Este libro está dedicado a todos los hijos de Dios cuyos espíritus están activados y tienen sus sentidos expectantes a los movimientos espirituales que Dios está realizando, una iglesia madura cuya identidad es Jesús y su carácter ha sido formado por preferir la verdad antes que la comodidad de conformarse con lo que dice el hombre y no Dios.

-También dedico éste libro a mi amada esposa, Lorena Vilches, quien ha sido un pilar fundamental en mi vida, mi ayuda idónea en todas sus letras, quien se ha encargado de hacerme feliz, firme y pleno, para llevar a

cabo este libro, que hermoso es contar con el apoyo del Padre a través de la persona más especial que sólo puede venir de su mano, el amor de una esposa.

-También dedico éste libro a mi familia, a mi Madre Elsa Rojas, a mis hermanos, Ramiro, Levi y Héctor, a mis amigos, Pastor Carlos, Pastor Andrés y Lorena, Pastora Patricia y don Nahum (mis suegros), Apóstol Ramiro y Profeta Jocelyn, quienes han sido pilares muy importantes en mi vida, y me han edificado con sus consejos, gestos de amor y preocupación.

AGRADECIMIENTOS

-Quiero agradecer primeramente al hermoso Espíritu Santo, quién nos enseña todas las cosas que Yeshúa reveló acerca del reino, también a mi Padre celestial, quien me ha predestinado y ha designado un propósito eterno, y quién me ha cubierto con su protección sobrenatural, gracias a mi amado Jesús por su Amor e impartición de su manto para su Pueblo a quién lo ha preparado para vencer sobre las tinieblas.

Prólogo

Por muchos años he estado orando y luchando para que en esta nación Chile, puedan levantarse los cinco ministerios como está establecido en su palabra en el libro de Efesios capítulo 4 versos 11 al 13, y cada uno actúe en la función la cual fue designada por nuestro Señor Jesucristo, para le edificación y plenitud de Cristo en su cuerpo el cual somos nosotros.

Es por eso que este Ministerio del maestro es tan fundamental en nuestra nación Chile y las naciones, es así como este libro despertará El espíritu de muchos Esdras de estos tiempos. Para llevar La verdad, la cual establece su palabra sin añadirle ni quitarle tal cual está establecida en los fundamentos de esta.

Este libro que tienes en tus manos que lleva por nombre El Espíritu de Edras. Es un libro que reafirma el ministerio del Maestro, muchas veces muy poco conocido y enseñado. Dios inspiró por medio de su Espíritu Santo a nuestro Pastor y Maestro Max Urbina de nuestra red R.E.I, para plasmar en estas líneas las verdades las cuales nuestro Padre quiere manifestar en estos tiempos finales.

Así como Esdras, que vivió en el año 440 aproximado antes de Cristo y era llamado "El Escriba", quien volvió del cautiverio de Babilonia e introdujo la Torá, las enseñanzas de ésta al pueblo de Dios trayendo los fundamentos y la verdad en medio de ellos. A todos los exiliados los condujo desde Babilonia hasta su hogar en Jerusalén y enseñó los fundamentos y las verdades de esta hermosa escritura. Así también, Dios está levantando en este tiempo a los Maestros, que van a confrontar la falsedad y el engaño. Y este libro te ayudará a entender con mayor claridad que tú tienes la necesidad de adquirir el conocimiento para no perecer ante toda la adversidad que el enemigo está Estableciendo en el mundo en estos tiempos finales.

Me siento gozoso de poder ser parte de este hermoso material y de la honra, la cual se me ha entregado para poder escribir estas líneas. Les bendigo Y que el Señor abra su entendimiento. Para poder profundizar en los tesoros ocultos que trae este hermoso material.

Con Amor
Apóstol Ramiro López
Ministerio Escogidos para Liberar
Chile.

El señor me ha hablado que en este tiempo el restaurará el don del maestro, y este libro es la prueba de ello, cuando lo empecé a leer no pude detenerme, es necesario que todo líder pueda leer este libro que nos llevará a la reforma bíblica que tanto se necesita y Pastor Max nos guía a eso y mejor aún, se ve que este libro nació en el corazón de Dios para su pueblo, lo recomiendo.

Profeta Mike Carias
Casa de Elías Internacional,
Guatemala.

Como parte de la Iglesia gloriosa que el Señor está posicionando en las naciones, ha sido fascinante encontrar un libro no solo revolucionario, sino descubrir también, un compendio de revelación fresca y a la vez profunda dentro de las páginas de "El Espíritu de Esdras".

El profeta y maestro Max Urbina, va descubriendo en cada una de estas páginas, secretos profundos dentro de la Escritura, que han estado por mucho tiempo a la espera de ser desvelados y dados a conocer, a aquellos que han sido llamados a formar parte del Ministerio Quíntuple, dentro uno de los ministerios que es columna y base a fin de perfeccionar a los santos. Ya es el tiempo y, el río del Espíritu inundará los púlpitos. El Padre está levantando una generación de profetas y maestros de raíz con la unción magisterial, con la palabra fresca de Su revelación para traer dirección, formación y exhortación para edificación del Reino.

Escrito de una manera clara, sencilla y bondadosa como lo es el corazón del maestro, avalo cada una de estas páginas, que sé serán parte de una herramienta sólida que traerán crecimiento y edificación al espíritu y al corazón, de una generación de maestros apostólicos que estarán siendo enviados a las naciones.

Con profundo respeto y gratitud al Padre por la vida del maestro y profeta Max Urbina, quien es el Capitán de Maestros del Altar Continental de Adoración 24/7 un diseño que unifica las 35 naciones del Continente Americano.

Apóstol Mileny Preiss
Directora del altar intercontinental de adoración 24/7 continente americano y europeo.

Capítulo 1...

···El espíritu de Esdras···

EL ESPÍRITU DE ESDRAS

El espíritu de Esdras, ha formado una parte fundamental en el desarrollo de la educación y transmisión del conocimiento de la palabra, desde siempre ha estado su esencia, pero hasta ahora es muy poco lo que se ha desarrollado acerca de ésta hermosa esencia que ha sido parte de la restauración y edificación del cuerpo de Cristo, y hoy en día es parte de los 5 ministerios u oficios, con los que ministros de Dios llenos del espíritu santo, han de ser escogidos para edificar a la Iglesia hasta la venida de Nuestro señor Jesucristo.

La misión de un Esdras es la de establecer fundamento de verdad, Jesucristo es la Verdad, la Palabra es la Verdad, y sobre esa verdad edificar a los santos para su perfección, es por esto que la esencia de Esdras lleva consigo un mover Apostólico Fuerte, así también como el fluir en la maestría, algo así como algunos ejemplos claros de la Palabra en el Pacto renovado, como Apolos o el Apóstol Pablo. Es decir que podemos encontrar la esencia del espíritu de Esdras en todos los oficios, ya que todos los oficios ministeriales necesitan impartir una enseñanza espiritual a sus contemporáneos como a las nuevas generaciones, esta es la parte fundamental para enseñar la palabra de Dios con entendimiento, para que tanto nuevos creyentes, como los que ya llevan años, al escuchar un mensaje, sean todos edificados.

En el libro de Efesios, Capítulo 4, Versos 11 y 12 (Versión Kadosh) dice así;

Además, El dio a algunos el ser emisarios; a otros, profetas; a otros, proclamadores de las Buenas Noticias y a algunos, pastores y maestros.12 La tarea de ellos es equipar a los Kadoshim de YAHWEH para la obra de servicio que edifica al cuerpo del Mashíaj,

La iglesia de Jesucristo ha pasado por muchos tiempos de restauración desde la iglesia primitiva, cuando cada nuevo creyente gentil, se aferraba a sus raíces israelitas, después de eso, aconteció una separación en dónde roma expulsó a todos los judíos y formó a una iglesia separada de Israel, continuando por una serie de reformas y movimientos espirituales, después comenzó el tiempo de restauración, en el año 1900 Dios restauró el hablar en Lenguas, los dones y el bautismo del espíritu Santo, en la década de los 50´s se restauró el ministerio del Evangelista, la Liberación y sanidad divina, en la década de los 60´s Dios restauró el Ministerio del Pastor, en la década de los 70´s Dios restauró el ministerio del Maestro junto con el movimiento de la enseñanza de la Fe, en la década de los 80´s Dios restauró el Ministerio del Profeta, Junto con el Movimiento Profético, en la década de los 90´s Dios restauró el ministerio apostólico, Junto con el ministerio

Apostólico, hasta los tiempos que vemos ahora, el Espíritu Santo me enseñaba esto a través de una visión, en que veía a un feto formándose en un vientre, y cada órgano que se formaba era representativo de un ministerio y don, lo último que se forma o define en un feto es el sexo, y veía que eso representaba a la última restauración del cuerpo, que era el oficio apostólico, que se encarga de traer la identidad y paternidad al cuerpo, sin embargo, veía que al nacer éste cuerpo, caminaba y funcionaba, sin cabeza.

Un reciente estudio científico mencionaba que se descubrió que el corazón tiene conexiones neuronales y que de cierta manera, el corazón también piensa, entonces yo veía éste cuerpo pensando con el corazón, y es hasta hora como la Iglesia ha estado funcionando, hablando diferentes perspectivas, una iglesia circunstancial, en donde no hay una dirección, hasta ahora, el Espíritu me mostraba que el cuerpo se conectaba a su cabeza, que es Jesús, y sincronizaba su corazón a la mente de Cristo. Entonces el cuerpo crecía, maduro, formado y totalmente funcional y sincronizado

Una iglesia que tiene doctrina, enseñanza y predicación, pero carece del poder y la presencia del Espíritu Santo, es una Iglesia que no está trabajando en plenitud, si no está conectada a Cristo como cabeza, con su mente, sin conformarse y el Ruaj de Elohim no está dirigiendo todo, no está representando, ni manifestando el Reino de Dios, lo más probable es que encontremos situaciones en donde sea el hombre con sus estrategias y decisiones quien lleve todo el diseño, pero con el riesgo fatal, de no estar bajo la voluntad del Padre Celestial, por tener una cabeza que no es Cristo. Hoy en día hay falsas doctrinas que no creen en la manifestación del Ruaj HaKodesh, es decir que niegan el poder que Dios ha derramado sobre su Iglesia legítima, y han negado con esto también el poder de la sangre de Jesús, ya que la presencia de Dios viene con las señales que seguirán a los creyentes, Según "Marcos 16:17" El ministerio de Jesús, fue predicar, enseñar, evangelizar, expulsar demonios y sanar enfermos, y sólo unos pocos siervos de Dios hoy en día ejercen ese llamado a cabalidad, ya que han sido comisionados de manera real por el espíritu Santo y no por el hombre. Y creo que muchos en éste tiempo han sentido un despertar espiritual, anhelando ver el mover del Ruaj, anhelando ser usados como instrumentos y herramientas efectivas del Reino de los Cielos aquí en la Tierra. Una herramienta efectiva es como el caso de un cuchillo muy filoso, que aunque tenga en un plato un corte de carne tan duro como una suela de zapato, podrá cortarlo de todas maneras. Hay gente hambrienta y sedienta de Dios, que anhelan ser ese cuchillo filoso en las manos de Cristo, ser efectivos en el mover de Dios, en la función del cuerpo de Cristo.

Para la gente que sólo vive de doctrinas, esto es locura, pero para los hijos de Dios, el mover del Espíritu Santo es ver las manifestaciones de su poder como algo habitual, y cómo se había de esperar, cuando Jesús estuvo en la tierra, se le opuso el mismo espíritu de legalismo a través de los escribas y fariseos, llamando a la sanidad blasfemia y a la expulsión de demonios, poder de Belcebú.

1 Corintios 2:14 Pero el hombre natural no recibe las cosas del Ruaj de YAHWEH, ¡para él son absurdas! Además, él no tiene capacidad para entenderlas, porque son evaluadas por medio del Ruaj.

Es necesario que la restauración continúe, y la restauración que veremos ahora será una de las más controversiales de todos los tiempos, será la restauración completa del cuerpo de Cristo, veremos cosas que ojo no vio, y oiremos cosas que oído no oyó, y eso confrontará en muchas áreas el sistema eclesiástico, especialmente en áreas que ya están establecidas, pero que no han sido renovadas por el entendimiento maduro de Dios, es por eso que diversas "reglas" que han sido impuestas organizacionalmente serán quebrantadas, especialmente todas aquellas "reglas" que no tienen respaldo en la palabra de Dios y que han sido aceptadas por las autoridades religiosas. Una de las restauraciones que veremos, es la unidad de todo el cuerpo, esto incluye a todo aquel que cree en Jesús, Judíos, gentiles, en realidad toda tribu, pueblo y nación.

Efesios 2:11 Por lo tanto, recuerden el estado en que estaban antes: Ustedes, Gentiles de nacimiento, llamados los incircuncisos por aquellos que por una simple operación en la carne son llamados circuncisos, 12 en aquel tiempo no tenían Mashíaj. Estaban apartados de la vida nacional de Yisrael, extranjeros a los Pactos que personifican la promesa de YAHWEH. Estaban en este mundo sin esperanza y sin Elohim. 13 Pero ahora ustedes, que estaban muy lejos, han sido acercados por medio del derramamiento de la sangre del Mashíaj. 14 Porque El mismo es nuestro Shalom, Él nos ha hecho a ambos pueblos uno y ha derrumbado la mejitzah que nos dividía, 15 destruyendo en su propio cuerpo la enemistad ocasionada por la Toráh con sus mandamientos, manifestada en la forma de dogmas. El hizo esto, para crear en unión con El mismo de los dos, un hombre renovado, y entonces hacer Shalom. 16 Para así, reconciliar para YAHWEH, ambos pueblos en un sólo cuerpo, siendo ejecutado como un criminal, entonces mató en sí mismo esa enemistad.

El espíritu de Esdras tiene la labor de la enseñanza de la sana doctrina, a través de la revelación de la palabra dada por el Espíritu Santo, es la esencia de comprender que tiene el deber de transmitir la esencia misma de la palabra en su forma más pura de la doctrina de Cristo, que es el Reino de Dios, y dar una *interpretación a través de la revelación del Ruaj de Elohim.*

Un Esdras es el encargado de transmitir una educación pura de las escrituras basadas en el corazón de la palabra, la que es abundancia del corazón del Padre, porque de la abundancia del corazón habla la boca, y toda la palabra que tenemos, fue inspirada desde la boca misma del Padre Celestial, la fuente de la Palabra es el corazón mismo del Padre. Esto sólo se puede desarrollar a través de una comunión íntima con Elohim, que es nuestro Padre, mantenerse siempre en obediencia y haber sido formado en el fundamento de apóstoles y profetas como dice las escrituras, teniendo cuidado en que, se puede caer en el legalismo, un Esdras debe siempre tener una actitud humilde delante del Ruaj pidiendo ser examinado en su mente y corazón, esto quiere decir que, si alguien estudia según su propia sabiduría humana, creerá tener una verdad absoluta, volviéndose en legalista y alguien legalista es quién tacha a cualquier persona que piense diferente a él, como alguien que está en un error, también un Esdras que tiene mucho conocimiento sin la sensibilidad de una comunión con Jesús, no está refinado, puede caer en espíritu de Grecia y en fariseísmo, dejando de lado la instrucción del Espíritu Santo y volviéndose sólo a la teología, la letra y la religiosidad, dejando de lado lo espiritual y sus manifestaciones. Teología y conocimiento sin espíritu son sólo información y letra muerta ya que las escrituras fueron escritas por hombres inspirados por el Espíritu Santo, y deben ser transmitidas de la misma manera. En los capítulos siguientes me referiré más profundamente a todo lo que está poniendo velos, fortalezas, argumentos y altiveces a quienes deben enseñar la sana doctrina, alejándolos de la verdad, llevándolos al error y endureciendo su corazón para que se resistan a la verdad y los tiempos de Restauración que es necesario que ocurran, para que el Cuerpo de Cristo alcance la madurez. El hombre en su intelecto natural, generalmente busca formulismos, que le permitan comprender, aprender y enseñar, pero es importante hacer un énfasis en que estudiar es muy bueno, aprender, perfeccionarse, memorizar, meditar en la Palabra, todo lo que sirva para ser desarrollados, siempre y cuando estemos llenos del Espíritu Santo y seamos direccionados en todo por él.

Un Esdras, que tiene la esencia de enseñar, de edificar, de establecer porque es escogido por Dios para esa labor, es quién estará trabajando junto a los demás miembros del cuerpo de Mashiaj, a la par, trayendo las verdades de Dios a la tierra, a través de la revelación de su palabra, el conocimiento, estudios bíblicos y la correcta interpretación de las escrituras, tal y como ocurrió en los tiempos de Zorobabel y Nehemías, mientras Zorobabel es quien restaura el Altar y el templo,

Nehemías restaurará los muros y las puertas y Esdras restaurará la enseñanza de la Toráh con entendimiento y la verdad, puesto que es necesario el trabajo en equipo, el trabajo corporativo, un cuerpo totalmente sincronizado con la mente de Cristo, Pero ¿de dónde proviene la esencia de Esdras?

Antes que Jesús el Cristo viniera a consumar todo, los ministerios funcionaban por medio de siervos de Dios con su esencia espiritual, también la esencia de Esdras fue revelada a los hombres, ya que siempre un profeta se hacía acompañar de un escriba, quien escribía todo lo que el profeta hablaba inspirado por Dios y el escriba se encargaba de entregar ese conocimiento revelado a las generaciones de Israel, por ejemplo Jeremías siempre estaba acompañado del escriba Baruc, quien escribía la Palabra de Dios hablada, para transmitirla escrita, de manera tal que el mensaje original no tuviera mutación. Durante siglos, escribas y rabinos se encargaron de transmitir las enseñanzas de la palabra, manteniendo y transmitiendo las escrituras y cada palabra intacta, comprendamos que cuando un mensaje se recibe, y comienza a enseñarse sólo de forma hablada, en algún momento hay quien tiene alguna percepción diferente de los conceptos, contexto cultural y mental que va a interferir en la continuidad del mensaje, éste último cambiará la intención del mensaje original, usará otras palabras, hasta que finalmente entregará un mensaje totalmente diferente, para evitar esto, la escritura es la herramienta eficaz que, deja un registro de las mismas palabras que se usaron en el mensaje original. Durante los años, a medida que se han descubierto pergaminos, según los descubrimientos más recientes, de los rollos del mar muerto, se ha comprobado que cada rollo de Toráh, tiene exactamente la misma escritura, no tienen ningún cambio, ninguna mutación, es decir que los escribanos, se encargaron de copiar los rollos de Toráh de manera legítima, sin cambiar ni una letra, ni una palabra a la escritura original. Hace un tiempo, vi un documental en donde se comparaba un rollo de Toráh muy antiguo que había sido encontrado en unas cuevas, con un rollo actual, y para sorpresa de los estudiosos, encontraron algo que es una fuerte señal que los escribas han respetado la escritura con todos sus detalles, era el rollo de Bereshit conocido como génesis, era un pasaje bíblico en donde se habla de Shem, hijo de Noaj (Noé), y estaba escrito el Nombre de Shem, pero con la letra Shin un poco más grande que el resto de las letras, y lo espectacular es que cuando revisaron si ese detalle estaba en el rollo actual, encontraron que también tenía escrita la letra Shin más grande, para el Padre Celestial, es de mucha importancia que la palabra se transmita tal y como es, sin añadir, sin quitar absolutamente nada, por esto escoge a siervos a quien asignar esta tremenda responsabilidad, esto lo podemos ver en el libro de Mateo, Capítulo 5, verso 18 (Versión Kadosh)

"¡Sí, en verdad! Les digo que hasta que pasen el cielo y la tierra, ni una Yod, ni una tilde pasarán de la Toráh; no hasta que lo que tenga que suceder, suceda".

A pesar de los siglos, en Israel a el Profeta Moisés "Moshe" aún se le denomina "Moshe Rabinu" o dicho en español, Moisés nuestro maestro, ya que gran parte de su ministerio como profeta, lo tuvo que basar también en la maestría, para transmitir las enseñanzas de la Toráh al pueblo, de la misma manera que la recibía directamente de Elohim, se debía preocupar que un pueblo que antes de salir de Egipto, no tenía leyes, no tenía el gobierno de Elohim mismo, sino de un tirano que los explotaba, recibiera la instrucción sin interferencia natural, sino que permaneciera con su esencia divina. Cuando la esencia de Esdras transmite las palabras de Elohim, son las palabras del Padre que transmite, y las palabras del Padre tienen el poder de provocar un cambio no solo espiritual, sino que también, un cambio de mentalidad, de perspectiva, de visión, de cultura y crea la necesidad de volverse a Elohim en quienes las reciben, de esa misma manera debe ser la enseñanza de un Esdras de éstos tiempos, debe transmitir todo lo que recibe del Ruaj, la interpretación y revelación, tal y como se le entregó, así tal cual debe impartirla. Sin añadir y sin quitar, por muy fuerte o confrontacional que parezca, porque mientras más pura las transmita, más puro será el efecto que produzca. Es una gran responsabilidad, pero es lo que provocará que se levante una generación verdadera, legítima, radical, celosa de guardar el mensaje divino, que no transe los principios de Reino de los Cielos y no esté dispuesta a tolerar los pecados de quienes se han posicionado por autoridad de Dios y hacen lo contrario a su voluntad, quizás pareciera sonar fuerte, pero debemos recordar que una de las Iglesias del Apocalipsis, recibió una fuerte advertencia.

Apocalipsis 2:18 "Escribe al mensajero de la comunidad en Tiatira: El Hijo de Elohim, que tiene sus ojos como llama de fuego y sus pies semejantes al bronce bruñido, dice esto: 19.- Yo conozco tus obras, tu amor, tu fidelidad, tu servicio y tu perseverancia; y que tus últimas obras son mejores que las primeras. 20.- "Sin embargo, tengo contra ti que toleras a la mujer Izébel (Jezabel), que dice ser profetisa, y enseña y seduce a mis siervos a cometer fornicación y a comer lo sacrificado a los ídolos. 21 Le he dado tiempo para que se arrepienta, y no quiere arrepentirse de su inmoralidad. 22 Mira, yo la voy a hacer caer en cama, y a los que con ella adulteran, en muy grande tribulación, a menos que se arrepientan de las obras de ella. 23 Y a sus hijos los mataré con penosa muerte, y todas las comunidades sabrán que yo soy el que escudriño la mente y el corazón. Y les daré a cada uno de ustedes conforme a sus obras.

Hay personas que se dan cuenta del pecado que comete la "Autoridad" que tenían como pastor o líder, y después de incluso ellos mismos haberles hecho saber a sus autoridades el error que cometen, éstos siguen persistiendo en el pecado, entonces por razones obvias, quienes se dan cuenta que su hasta esa hora es su autoridad se ha desviado, toman la decisión de buscar una congregación en donde se enseñe la sana doctrina y no se transgreda los principios del Reino, pues un principio básico de la autoridad es que debe estar sujeto a otra autoridad, entonces, si una autoridad como un pastor, maestro, apóstol o profeta, deja de estar sujeto a las escrituras, que es la Palabra que predica, y no la obedece, entonces se ha salido de su posición de autoridad, y quienes estaban bajo su autoridad y se dan cuenta de su error, tienen la responsabilidad de decirle por medio de la palabra que se encuentra en error, sin embargo si el pastor persiste en ello, quienes están bajo su autoridad tiene todo el derecho de buscar otro lugar que si esté sujeto a Cristo. Es lógico que si vemos a alguien que está en error, debemos advertirle, y si éste persiste en ello, el de tomar un rumbo hacia donde el Ruaj nos guie, sin embargo hay quienes están dispuestos a tolerar pecados de sus autoridades, porque esperan una promoción de parte del hombre, esperan que aquella persona que tiene un influencia en el sistema, aunque esté en pecado, les abra puertas dentro del mismo sistema de error, y así se forma un círculo vicioso, una persona me dijo una vez, yo tolero las faltas de mis autoridades, porque esos son "códigos" de lealtad y fidelidad. Sin embargo, por ningún motivo comparto aquella opinión, ya que, el pecado no se debe tolerar, aunque sea la persona más influyente del sistema religioso o eclesiástico, aquellos que respetan esos "códigos" es simple y llanamente porque esperan ser promovidos por un hombre, que tiene quizás "influencias" pero, al respetar esos "códigos" dejan de respetar la palabra que ellos mismo predican, más aún, llevan a otros a ese mismo error. La palabra de Dios dice claramente que si agrado a los hombres más que a Dios, no sería siervo de Dios, hoy en día las falsas doctrinas que están manipulando a las personas, están trayendo una enseñanza con mezcla, una mentira envuelta en una hermosa capa de verdad, un mensaje totalmente adulterado, híbrido y tibio, recordemos siempre que una doctrina mezclada, dará por resultados cristianos tibios y carnales con apariencia de santos. Éstos son fáciles de identificar, porque siempre se creerán superiores al resto, juzgan a todos aquellos que piensan diferente a ellos y nunca son capaces de reconocer un error, por sobretodo andan con sus "Títulos" por delante, eso les alimenta su ego, se presentan como el apóstol, el profeta, si alguien les trata de pastor, es una ofensa para ellos, porque en su sistema, los oficios están jerarquizados, pretenden estar por encima del resto, cuando la palabra enseña que mayor es el que sirve, esos apóstoles y profetas deberían ser quienes más humildad deberían expresar y no creerse súper estrellas. Por ésta Razón se levantará los Esdras de este tiempo, para derribar argumentos doctrinales que no están con la pureza que deberían, que están torcidos, que han endiosado un llamado de Dios, que está saturado de intereses sociales, económicos, políticos y personales.

La primera revelación de la esencia de Esdras, la podemos encontrar en el libro de Génesis, en donde Dios se revela como un maestro, a Abraham.

Génesis 22:1-2 Aconteció después de estas cosas, que probó Dios a Abraham, y le dijo: Abraham. Y él respondió: Heme aquí. Y dijo: Toma ahora tu hijo, tu único, Isaac, a quien amas, y vete a tierra de Moriah, y ofrécelo allí en holocausto sobre uno de los montes que yo te diré.

En esta escritura, Dios lleva a Abraham al monte Moriah, que en hebreo significa Dios maestro (Moréh Yah), o Dios enseña, la palabra Moriah está conformada por dos palabras, Moréh, que significa maestro y Jah, que significa Dios. Fue en ese lugar donde Elohim le enseñó a Abraham la revelación de la provisión, además que la palabra Moréh, significa el que tiene visión, es decir que la revelación nos muestra la visión de las escrituras y nos transmite la misma esencia e inspiración con que se escribió. La Revelación que provee el Padre, provoca que los velos de las circunstancias adversas sean removidos, no sabemos cuánto tiempo llevaba el carnero atorado ahí, en el mismo lugar, pero una vez que el Padre le provee revelación a Abraham, al alzar los ojos, Abraham pudo ver lo que antes no había visto. Se puede interpretar que tanto, YHWH nuestro Padre, Yeshúa Adonai y el Ruaj HaKodesh, llevan la esencia de enseñar con revelación. Yeshúa es el gran Maestro y el Ruaj HaKodesh nos enseñará y recordará todas las cosas que Yeshúa enseñó del Reino de los Cielos.

La esencia de Esdras la podemos encontrar en sus significados en las escrituras, tanto en hebreo, arameo y griego. Ya que Esdras fue un escriba y Maestro de las Escrituras. Hay muchas palabras que fueron traducidas como Maestro en las traducciones que tenemos hoy en día de la palabra de Dios, desde artesanos, escribas, hasta cantores o artistas, y es de esperar, ya que en Israel cada disciplina que se ejerce en una familia, es llevada a la excelencia de un conocimiento que sólo se puede transmitir por la enseñanza de un maestro, de generación en generación, vemos que quienes fueron artesanos para edificar el tabernáculo, fueron hombres llenos del Espíritu Santo y de sabiduría para cada obra, así el Padre Celestial mismo, nos llena de sabiduría y del hermoso Espíritu Santo para ejercer nuestro ministerio en el Cuerpo de Cristo.

Uno de los significados más claros de la palabra maestro que es parte del mover del espíritu de Esdras, y que se puede identificar con la función con la que opera para edificar a los Santos es:

Rab; escrita en hebreo רַב; Significa el que es abundante en rango, en sabiduría, en calidad, su significado en esencia habla de la abundancia, tanto de conocimiento como en otros dotes, lógicamente hablando, era de esperar que a nuestro Adon Yeshúa lo nombraran Rabí, ya que él lo es todo, incluso tal palabra se queda pequeña para describirlo, cada vez que los sabios, fariseos, escribas, o doctores de la ley se acercaban a Yeshúa debían nombrarlo Rabí, si querían recibir alguna enseñanza de él, sin embargo en su infinita sabiduría, nuestro Señor, les habló en parábolas, para esconder la sabiduría del Reino de los Cielos en revelaciones que sólo un espíritu dócil, humilde y sobre todo como un niño, las puede recibir.

Yeshúa hizo mención a que muchos doctores de la ley, les gustaba ser llamados como rabí, también usar los primeros lugares y ser alabados por el pueblo, sin embargo, Yeshúa fue el mejor ejemplo de cómo debe de ser un Maestro, y debemos seguir sus pasos siendo humildes, hacedor de lo que enseña, tener el fruto del Ruaj y un ejemplo para los discípulos que le siguen. A pesar de todo aquello, no todos los rabinos de la época fueron malos, podemos ver un ejemplo en el Rabino Gamaliel, quién el Apóstol Pablo lo menciona en una de sus epístolas, y fue quién intervino cuando los fariseos querían darle muerte a los apóstoles y dijo que si la obra de los apóstoles es de Dios, no se podrá destruir, no sea que se hallen luchando contra Dios, también José de Arimatea quién fue el fariseo que permitió que Jesús fuera sepultado en su sepulcro familiar.

Otra palabra que nos puede decir más de la esencia de Esdras es la palabra;
Moréh; ésta es la misma palabra como se reveló Dios a Abraham en el monte, y su connotación va en que un Moréh es quién porta la revelación espiritual de la enseñanza. En hebreo se escribe así; מוֹרֶה; y su significado raíz es; Lluvia temprana, la palabra Moréh tiene que ver con alguien que tiene visión, que es como una fuente de agua fluyendo, cuyo conocimiento no se seca, no se agota, su revelación viene directamente de Dios, y Dios es Eterno y su Sabiduría Infinita, también se refiere a quién apunta una flecha, es decir alguien que direcciona eficazmente y es influyente en el futuro de sus discípulos.

Por medio de las definiciones que hemos visto, podemos ver que la esencia de Esdras, es algo más que *manejar conocimiento o información y enseñarlo de manera didáctica o simple a sus discípulos como un profesor, o maestro de universidad, más bien, un Esdras es el portador de la revelación e interpretación espiritual de las escrituras, es alguien celoso de la sana doctrina, disciplinado y estudioso, alguien que ama la verdad y que respeta la autoridad, un Esdras siempre funcionará en su unción de manera plena, conociendo su lugar en el cuerpo de Cristo y enseñando a otros a seguir la misma senda, será quién ayude a edificar, a los santos y a madurar a la iglesia de Yeshúa. Cuando un Esdras pone en su enseñanza, el espíritu de entendimiento da la Revelación del espíritu con que se escribió la Palabra misma, y provoca en quienes lo oyen, una conversión verdadera hacia el Padre, Un Esdras es aquel que restaura la verdad y el ejercicio de ésta, fluye como manantial de revelación y lleva al Pueblo a hacer Teshuvá, (Volverse al Padre).*

Un ejemplo de la función de Esdras en las escrituras del Tanaj que podemos ver, es en el siguiente párrafo;

Nehemías 8:3 Y leyó en el libro delante de la plaza que está delante de la puerta de las Aguas, desde el alba hasta el mediodía, en presencia de hombres y mujeres y de todos los que podían entender; y los oídos de todo el pueblo estaban atentos al libro de la ley. 4 Y el escriba

Esdras estaba sobre un púlpito de madera que habían hecho para ello, y junto a él estaban Matatías, Sema, Anías, Urías, Hilcías y Maasías a su mano derecha; y a su mano izquierda, Pedaías, Misael, Malquías, Hasum, Hasbadana, Zacarías y Mesulam. 5 Abrió, pues, Esdras el libro a ojos de todo el pueblo, porque estaba más alto que todo el pueblo; y cuando lo abrió, todo el pueblo estuvo atento. 6 Bendijo entonces Esdras a Jehová, Dios grande. Y todo el pueblo respondió: ¡Amén! ¡Amén! alzando sus manos; y se humillaron y adoraron a Jehová inclinados a tierra. 7 Y los levitas Jesúa, Bani, Serebías, Jamín, Acub, Sabetai, Hodías, Maasías, Kelita, Azarías, Jozabed, Hanán y Pelaía, hacían entender al pueblo la ley; y el pueblo estaba atento en su lugar. 8 Y leían en el libro de la ley de Dios claramente, y ponían el sentido, de modo que entendiesen la lectura.

Hoy es un día santo 9 Y Nehemías el gobernador, y el sacerdote Esdras, escriba, y los levitas que hacían entender al pueblo, dijeron a todo el pueblo: Día santo es a Jehová nuestro Dios; no os entristezcáis, ni lloréis; porque todo el pueblo lloraba oyendo las palabras de la ley.

Vemos claramente como Esdras cumple una función de maestría para enseñar las escrituras y la ley de Moisés al pueblo de Dios, en donde como maestros ponían el sentido a las escrituras, de modo que el pueblo pudiese comprender la palabra de Dios.

Otro ejemplo que vemos, esta vez en el Pacto renovado o nuevo testamento, de un maestro en las escrituras, poderoso en palabras;

Hechos 18:24-28 (RV 1960) "Llegó entonces a Éfeso un judío llamado Apolos, natural de Alejandría, varón elocuente, poderoso en las Escrituras. Este había sido instruido en el camino del Señor; y siendo de espíritu fervoroso, hablaba y enseñaba diligentemente lo concerniente al Señor, aunque solamente conocía el bautismo de Juan. Y comenzó a hablar con denuedo en la sinagoga; pero cuando le oyeron Priscila y Aquila, le tomaron aparte y le expusieron más exactamente el camino de Dios. Y queriendo él pasar a Acaya, los hermanos le animaron, y escribieron a los discípulos que le recibiesen; y llegado él allá, fue de gran provecho a los que por la gracia habían creído; porque con gran vehemencia refutaba públicamente a los judíos, demostrando por las Escrituras que Jesús era el Cristo."

Un Esdras debe ser poderoso en las palabras, para derribar todo argumento, fortaleza y altivez que se levante en contra del conocimiento de Dios, y llevar cautivo, es decir, llevar prisionero todo pensamiento a que obedezca de Mashiaj, ya que uno de los campos de batalla en donde más pueblo ha de caer es en el de la mente, algunos cegados por la ignorancia. Muchos son *que al buscar más profundidad erran y terminan desviándose de su búsqueda inicial, esto me recuerda a la historia de un amigo que, comenzó a asistir al gimnasio, quería bajar una talla, no verse con esa barriga pronunciada y quizás tener un aspecto un poco más atlético. Comenzó entonces a asistir al gimnasio, a entrenar, cambió su alimentación y en cuestión de meses, logró más que el cambio que anhelaba en un principio, sin embargo, continuó más y más al punto en que perdió una referencia de la imagen que esperaba, de lo que quería lograr en un principio, ya después la alimentación natural no era suficiente, él quería más músculo, más crecimiento, menos grasa, perdió la noción de las medidas normales y comenzó a usar anabólicos, hasta que ya se veía muy mal, su motivación inicial la exageró hasta sobrepasar los límites naturales y llegar a lo artificial. Hoy en día he sabido del testimonio de algunos que buscando profundidad y raíces, pero no teniendo una relación con el Espíritu Santo, han terminado negando su fe en Jesús, circuncidándose y volviéndose fariseos, esto es porque todo caminar en las escrituras que emprendas sin la dirección y compañía del Ruaj, tarde o temprano tu intelecto te llevará al error.*

2 corintios 10: 4-5 "porque las armas de nuestra milicia no son carnales, sino poderosas en Dios para la destrucción de fortalezas, derribando argumentos y toda altivez que se levanta contra el conocimiento de Dios, y llevando cautivo todo pensamiento a la obediencia a Cristo, "

Los Esdras deben entender que su llamado no está basado en tener más conocimiento e información, sino en revelación, testimonio y poder de Dios que lo han recibido por una intimidad con Jesús, porque lo han buscado por amor, no por otra motivación. Cada vez que Dios quiera levantar a un Esdras será para derribar los argumentos, las fortalezas y altiveces que se levanten en contra del conocimiento de Dios en algún tiempo, en alguna generación. El Apóstol pablo antes de ser comisionado como apóstol llevaba su ministerio de Maestría, y siempre funciono con la maestría como apoyo a su ministerio de apóstol, un Esdras ha de hacer una guerra espiritual directa contra el sistema de pensamiento del mundo, se especializa en el campo de batalla en donde se enfrenta la Razón e intelecto humano, con el conocimiento y revelación del Ruaj. Una confrontación directa de la verdad versus la mentira. Pablo recibía una cantidad impresionante de revelaciones, ciertamente era un Esdras de sus tiempos.

Hechos 13:1-3 Había entonces en la iglesia que estaba en Antioquía, profetas y maestros: Bernabé, Simón el que se llamaba Níger, Lucio de Cirene, Manaén el que se había criado junto con Herodes el tetrarca, y Saulo. Ministrando éstos al Señor, y ayunando, dijo el

Espíritu Santo: Apartadme a Bernabé y a Saulo para la obra a que los he llamado. Entonces, habiendo ayunado y orado, les impusieron las manos y los despidieron.

Saulo o "Shaúl" aun siendo fariseo de fariseos, se sometió a la instrucción de los apóstoles, para ser lleno del espíritu santo, vemos que el texto dice que había muchos profetas y maestros, entre ellos Saulo y Bernabé, y Saulo posteriormente, quién fue conocido como el apóstol Pablo, identifica su ministerio como Apóstol y maestro de Jesucristo. Que justamente es la esencia de un Esdras, porque enseña y hace entender y porque establece los fundamentos dados por la Palabra de Dios. ¡¡¡Aleluya!!!

1 Timoteo 2:7 (RV 1960) *"Para esto yo fui constituido predicador y **apóstol** (digo verdad en Cristo, no miento), y **maestro** de los gentiles en fe y verdad."*

2 Timoteo 1:11 (RV 1960) *"del cual yo fui constituido predicador, **apóstol** y **maestro** de los gentiles."*

¡Qué hermoso es poder descubrir más acerca del espíritu de Esdras! Y espero, amado lector que sea para usted, tan placentero como para mí, el poder ir conociendo aún más una de las esencias que Dios está despertando para éste tiempo de restauración en la Iglesia, para ser perfeccionados como un cuerpo *perfectamente unido, nuestra tarea es activar, edificar, preparar, y perfeccionar a los Santos para la obra del ministerio, siendo imperativo, dar la identidad a cada creyente, para que pueda descubrir su propósito y lugar en el cuerpo de Cristo,*

Una Iglesia preparada, es una Iglesia madura, es el cuerpo de Cristo creciendo perfectamente en todas sus direcciones en donde todos los oficios trabajan en conjunto y a la par, sin desconocer los movimientos del Espíritu Santo, sino que buscando en él la dirección, los dones, la activación y crecimiento. El cuerpo de Cristo trasciende más allá de cuatro paredes, de territorios, culturas, lenguas, el cuerpo de Cristo es todo aquel que es nacido de Dios con el Espíritu Santo en él, tiene un discernimiento maduro para poder levantar nuevas generaciones en las verdades del Ruaj, el pueblo que Dios levantará para su Gloria. Cada día los tiempos son más difíciles, y hemos visto una iglesia dividida, quienes se han tomado por la fuerza el poder y creen tener toda la facultad para decidir si algo es o no de Dios, éstas autoridades eclesiásticas políticas y sociales, más no espirituales o con un espíritu que no es el Ruaj Ha Kodesh, que han tomado un lugar de autoridad, que en cierta forma, también el cuerpo de Cristo ha sido responsable por haber sido pasivo y permisivo hasta hoy. Estamos entrando a un tiempo de restauración poderoso, en donde la transición del cuerpo de Cristo al vino nuevo será notoria, poderosa y respaldada con el poder del Ruaj de Elohim y junto con ello, también se levantará lo falso, lo que es anti diseño, lo erróneo, ya que la palabra de Dios dice que en los postreros tiempos se levantarán, falsos apóstoles y Profetas, falsos maestros y evangelistas y falsos pastores, y estos harán todo tipo de señales para engañar a muchos. En un mundo lleno de tinieblas, es de esperar que los verdaderos movimientos de Dios, tendrán persecución y los que acarician y toleran el pecado del mundo, serán los más aceptados por la sociedad, podremos ver iglesias llenas de gente que lleva una vida casi idéntica a la de un incrédulo o un carnal común, la única diferencia es que va los domingos a la iglesia, como podemos ver hoy en día, Iglesias con liderazgo en adulterio y pastores homosexuales, apoyando leyes de aborto y de unión civil, pasando por alto, todos los principios bíblicos que existen y haciéndose sordos a las instrucciones de nuestro padre celestial, por medio del Espíritu Santo, haciendo para ellos vano el sacrificio que Nuestro Mashiaj hizo en el madero. La verdad es lo que dice su palabra, conoceremos y conocemos los movimientos de Dios, por sus frutos y sus frutos son los del espíritu Santo, es él, quien da testimonio verdadero y fiel, de quienes son sus hijos y nos conducirá a la Verdad y madurez del cuerpo de Cristo en la Tierra. Los hijos de Dios de éstos últimos tiempos, tienen el deber de aprender y escudriñar las escrituras, de tomar un compromiso real, de santidad, de búsqueda del rostro del Padre, de prepararse, para que no sean tomados desprevenidos y sin darse cuenta caer en error.

Una iglesia madura, es la iglesia que revela constantemente el carácter de Yeshúa, manifiesta su poder a través de su Santo Nombre y está lleno del Espíritu Santo. Una Iglesia, que aparte de predicar y enseñar la verdad, sane al enfermo y liberte al cautivo, que expulse los demonios, haga todo tipo de milagros y tenga dones, en donde fluya la revelación y especialmente, en donde se manifieste la Presencia del Ruaj y se deshagan las obras del diablo, una iglesia fundamentada en el amor del Padre, ese amor que no tiene imitación, que es genuino, que es verdadero, que es más poderoso que cualquier don.

 Capítulo 2...

···El carácter de Esdras···

EL CARÁCTER DE ESDRAS

Cuando una persona confiesa a cristo como su señor y salvador, a través de la confesión de fe descrita en el Libro de Romanos capítulo 10 verso 9 (RV 1960)

"que si confesares con tu boca que Jesús es el Señor, y creyeres en tu corazón que Dios le levantó de los muertos, serás salvo."

Comienza una emocionante aventura que en los días restantes de toda su vida, nunca terminará de sorprenderse y descubrir más acerca del Reino de los Cielos de Yeshúa, del Abba Kadosh y su compañero Ruaj HaKodesh. En este caminar, cada hijo de Dios comienza a descubrir que pertenece a un propósito divino más grande que toda su existencia a un plan y una voluntad que sobrepasa toda razón humana, y que el Padre celestial, lo creó y lo formó para que tome parte en las líneas de batalla como un soldado de Dios. El nuevo creyente entiende que el hecho de su existencia está fundamentado en un destino que ya estaba trazado incluso antes que se formara en el vientre de su madre y que debe dejar todo lo pasado y todo lo aprendido del mundo, para nacer de nuevo y ser educado y formado como un hijo de Dios.

Nuestro Padre celestial, se encargará de proveer todas las armas y herramientas espirituales, para que su hijo como nuevo integrante de la gran familia y al Pueblo de Dios, comience a formarse, educarse, prepararse, alistarse y equiparse para la guerra, en contra de las tinieblas y para la obra de su ministerio.

Cuando un hijo de Dios comprende que pertenece al cuerpo de Mashiaj, es natural que aparezcan diversas preguntas, acerca de esta nueva vida en el reino de Dios, y de su propósito y parte en el cuerpo de Cristo.

Una de las principales preguntas que surgen al nuevo creyente es acerca del oficio, don, talento o ministerio en que debe funcionar, y acerca del propósito para el cual está en la tierra. Para esto es cuando lo espiritual de Dios entra en escena, en donde a través de diferentes maneras Dios nos revelará nuestro llamamiento, el ministerio en el cual funcionaremos y nuestro propósito eterno.

Los apóstoles y profetas, como punta de lanza en la Iglesia, generalmente son usados para impartir identidad y propósito a los nuevos creyentes por medio del Espíritu Santo, y es el mismo Ruaj quién da testimonio de aquello, la palabra de Dios dice que nada hará Dios sin antes revelarlo a sus santos profetas, es decir, que el Espíritu Santo por medio de sus siervos será quien revele a los nuevos creyentes, su identidad en el reino, ése es el orden que ha establecido nuestro padre celestial en su Iglesia, el Apóstol pablo, expresa claramente que la piedra Angular es Jesucristo, y que el fundamento es puesto por apóstoles y profetas,

"Efesios 2:20 (RV 1960)"

"edificados sobre el fundamento de los apóstoles y profetas, siendo la principal piedra del ángulo Jesucristo mismo"

Es por ésta razón que muchos predicadores, están funcionando en un ministerio o función equivocada, absolutamente fuera de su asignación e incluso algunos ni siquiera conocen la existencia de los 5 ministerios, de los dones, de lo que el Ruaj reparte en medio del Cuerpo para que éste funcione perfectamente. Hoy en día, también, vemos gente que se autonombra, e incluso vemos nombramientos de hombres, con intereses naturales y sociales de por medio, desplazando la dirección verdadera que viene de Dios. Algunos que dicen a una persona que es pastor, cuando el Espíritu Santo nunca ha dicho eso, y la mejor manera de saber si alguien es o no siervo de Dios, es simplemente preguntando a quién lo ha asignado, es decir que si tienes una verdadera comunión con el Espíritu Santo, él te dará testimonio de lo que viene o no de él.

Es de mucha importancia comprender la definición de carácter, ya que es esencial para un ministro desarrollar éste ámbito en su vida, porque esto será parte vital en el desarrollo y alcance ministerial que tenga, un ministro con hermosos dones, pero con un carácter inmaduro y no formado será el día de mañana un ministro que fracase o que no alcance una plenitud ministerial. Carácter no es igual a temperamento, o a ser riguroso, el Carácter es un conjunto de características propias de la persona, que dan como resultado lo que es, hace y representa.

Durante años se han visto tremendos siervos de Dios, reformadores y pioneros que han logrado restaurar fundamentos bíblicos sólidos y edificado a la Iglesia llevando un desarrollo con un potencial inmenso, sin embargo algunos de éstos pioneros de su época no alcanzaron su máximo potencial, por la falta de carácter, eran varones o mujeres de oración, con una comunión y unción del Espíritu Santo que pocos han logrado alcanzar, muchos de ellos han sido de influencia positiva para generaciones después de ellos, y sólo quienes lograron alcanzar un desarrollo de carácter apegado al de Cristo, fueron quienes lograron cumplir su asignación y dejar un legado que la continuara.

Vemos que los doce apóstoles tenían caracteres y personalidades diferentes como hombres, sin embargo, una vez que fueron comisionados como siervos y ministros de Dios, debían de alcanzar el carácter y la mente de Cristo, hasta llegar a la plenitud del varón perfecto.

1 Corintios 2:16 (Versión Kadosh) "Porque, ¿quién ha conocido la mente de YAHWEH? ¿Quién le aconsejará? ¡Pero tenemos la mente del Mashíaj!

Efesios 4:13 (RV 1960) "hasta que todos lleguemos a la unidad que implica la confianza y el conocer al Hijo de YAHWEH con toda condición de hombre, a los niveles de madurez puestos por la perfección del Mashíaj."

Un Esdras, debe proponer en su corazón, alcanzar tener la mente de Yeshúa Ha Mashiaj, porque si conoce a su Señor, no puede ir en contra del orden del Reino de los Cielos, de sus principios y sus Leyes, porque, ¿Cómo puede una persona ir en contra de lo que establece Dios y decir que conoce a Dios? De ésta misma manera hay gente que se ha vuelto melindrosa, tomando sólo partes de las escrituras para su doctrina, y las otras partes las desconoce, las desvaloriza y en otros casos, usan el término de que lo espiritual de Dios es sólo algo Simbólico. Pero Dios es Espíritu, y en Espíritu se le debe adorar, conocer, buscar y orar.

Además de esto, Cada Creyente debe comprender lo que dice la palabra en toda su extensión, y no quitar ni menos añadir a nuestro antojo a la Palabra, porque eso es una Maldición para quienes lo hacen. Debemos entender que cada movimiento de restauración y dispensación del Espíritu Santo viene a derribar Fortalezas, Argumentos y altiveces que se levantan contra el conocimiento de Dios, y a la vez edificar, plantar y establecer lo verdadero, es decir que, Si el Espíritu Santo restaura un área en la Iglesia y su doctrina, es porque justamente no estábamos conociendo a Dios en ésa Dimensión.

Muchos han dicho que los únicos, primeros y últimos apóstoles fueron los Doce que estuvieron junto a Jesús, y esto no es así, ya que podemos ver perfectamente que el Apóstol Lucas y Marcos, autores de dos de los 4 evangelios, no eran parte de los Doce y Lucas fue discípulo de Pablo, él es el autor del cuarto evangelio, y el Libro de Los Hechos, además, el Mismo Apóstol pablo, no conoció a Yeshúa en persona, sino que lo conoció Glorificado y vemos como aclara en muchas de sus epístolas que es apóstol de Yeshúa, a ésta lista de apóstoles podemos sumar a Bernabé, Andrónico, Junias y a Epafrodito, entre otros.

Muchos Teólogos han declarado que el Apóstol Pablo puede ser considerado Apóstol porque Jesús se le apareció camino a Damasco, pero esto es totalmente inconsecuente al respecto de esta problemática doctrinal, que aún quiere persistir, ellos mismos dicen que sólo fueron doce, sin embargo Pablo sería el número trece y Lucas el catorce, Bernabé el quince, etc. Y si como requisito es que el Apóstol Pablo fue nombrado como tal, porque Jesús se le apareció camino a Damasco, me pregunto, si aquella persona que afirma esto, ¿no ha tenido un encuentro personal con Yeshúa? Si la respuesta es no, puedo comprender que su relación con Yeshúa es netamente Teología, información, conocimiento intelectual, más no una relación Íntima y comunión espiritual, ya que como hijos del Padre Celestial, debemos tener un encuentro personal con nuestro Señor Jesucristo de Nazaret.

Es por esto que cuando conocemos a Yeshúa, entendemos que debemos sujetarnos a la autoridad en el orden que él dejó en la tierra. Cada creyente puede ser totalmente transformado al conocer a Yeshúa y él se nos presenta tal como al Apóstol Pablo, en el espíritu, para así tener un encuentro personal con su propia persona, y recibir al Espíritu Santo, quien nos sella como Hijos del Padre Celestial.

Otra Problemática Doctrinal es que Muchos religiosos, hoy afirman que no existe el ministerio Profético, diciendo algunos que el último Profeta fue Juan el Bautista y otros diciendo que fue el Apóstol Juan *a quién se le reveló la profecía del Apocalipsis, sin embargo, las escrituras nos muestras a un profeta llamado Agabo, en el libro de los Hechos de los Apóstoles Capítulo 21, Verso 10, (RV 1960) Dice así*

"Y permaneciendo nosotros allí algunos días, descendió de Judea un Profeta llamado Agabo"

Éste Profeta, fue quién profetizó que el Apóstol Pablo sería tomado preso en Jerusalén.

También la Palabra nos habla de los Profetas que estaban en la Iglesia de Antioquía.

¡Qué Maravilloso es poder encontrar respuestas en la palabra de Nuestro Dios Todopoderoso!

Romanos 13:1-2 *Sométase toda persona a las autoridades superiores; porque no hay autoridad sino de parte de Dios, y las que hay, por Dios han sido establecidas.*
De modo que quien se opone a la autoridad, a lo establecido por Dios resiste; y los que resisten, acarrean condenación para sí mismos.

Carácter habla de la naturaleza propia de la persona o cosa, los rasgos, cualidades, manera de pensar y actuar, esto lo distingue de otras personas, es decir que en el caso del carácter de un Esdras, podemos enfocarnos en la naturaleza propia de quién impartirá el conocimiento, la doctrina y el corazón mismo de las sagradas escrituras, el cual debe ser un carácter formado en el modelo perfecto que es Jesús nuestro Señor, para esto, examinemos el carácter de un Esdras, ya que, tal y como un cargo en una empresa busca que los postulantes cumplan un cierto perfil, es decir, que sólo quienes cumplen con el perfil que se exige, pueden tomar ese cargo, así mismo, en una encomienda tan importante como lo es, impartir la palabra y verdad en los tiempos donde hay tanto engañadores, aunque con esto, no estoy diciendo que el análisis del carácter de Esdras que se me ha sido revelado sea el perfil oficial de ésta esencia, es sólo una referencia a las características que se esperarían de un Esdras ya que vemos que el carácter es muy importante, que no es sólo un carácter moral, social y cultural, sino que además es un carácter espiritual y por ésta razón es de gran necesidad comprender que es una gran responsabilidad y que se debe estar dispuesto a morir en las áreas que aún no hemos sido transformados.

Un Esdras, debe estar lleno del espíritu de conocimiento de Dios, el espíritu de conocimiento, trabaja de la mano con el espíritu de inteligencia, la palabra inteligencia en la escritura original hebrea, significa entendimiento, es decir, que no basta sólo con la información, aprender versos o citas bíblicas de memoria, y entender doctrina, sino que el conocimiento debe ser espiritual, ya que el espíritu de conocimiento nos lleva a descubrir el corazón de las escrituras, discernir el mismo espíritu con el cual fueron escritas, el espíritu de inteligencia, nos faculta para entender la palabra y revelarla a los santos para su edificación. El entendimiento se encuentra en nuestro corazón, es ahí donde la palabra de Dios debe ser escrita por el Ruaj y será revelada a nuestras vidas. Si solo hay información, pero no hay espíritu, es una letra vacía, que carece de la vida misma con la que fue escrita, de esta manera podemos entender que alguien que ha recibido el llamamiento de en Esdras en su vida, debe buscar en el espíritu el conocimiento, la revelación, e inquirir para lo que fue llamado, así como una persona que quiere estudiar la carrera de odontología, ya se ha dado cuenta que más que una carrera, es su vocación y amará siempre su trabajo, sin embargo, no basta con que haya descubierto su vocación, ni que tenga la pasión y las fuerzas para comenzar a sacar dientes y poner prótesis dentales, o todo lo que hace un especialista de ese índole. Mientras no se prepare como corresponde en la universidad, para estudiar todo el tiempo que sea necesario y ser formado, corregido y evaluado, no podrá ejercer esa vocación que tanto ama, así mismo alguien que haya recibido el llamamiento de Dios, debe comprender que es algo serio, que es una gran responsabilidad, que hay gente que puede ser edificada o destruida si no se instruye correctamente, debe comenzar su camino a aprender, a desarrollarse, a sujetarse a la instrucción de las autoridades de la Iglesia, y la activación en su espíritu, deberá pagar el precio, en oración, ayuno, comunión con el Padre, estudio, vigilias, intercesiones, búsqueda y espera en el Señor. Una persona que ha tomado un compromiso personal con su ministerio, será una persona que tendrá fruto y fruto en abundancia.

Un Esdras debe estar en santidad, ya que es parte esencial para cualquier ministro de Dios, estar consagrado para él y vivir para él, Jesucristo es el modelo de todo Siervo de Dios, quien quiera hacer la obra para lo cual ha sido asignado, debe estar en una comunión y relación constante con el Padre Celestial. En las escrituras, vemos como Jesús se apartaba constantemente en oración para mantener su comunión con el Padre de los cielos, alguien que sólo lleva su vida cristiana, basado en su don, sin refinar su carácter, es una presa fácil para el enemigo, podemos ver mucha gente que confía en su intelecto, sus capacidades, su don y educación, y tener educación, buen intelecto y grandes capacidades es bueno, siempre y cuando sea todo alineado al Espíritu Santo, porque es una Santa profesión la que se está ejerciendo, alguien que ha fracasado en su ministerio públicamente, es alguien que ha descuidado su comunión con el Espíritu Santo en lo secreto, es por eso que la santidad es fundamental para la Iglesia de Yeshúa, que como novia debe estar preparada para la venida del novio, sin arruga y sin mancha, un Esdras que permanece en santidad, permanece en la voluntad de Dios, ya que al tener una comunión íntima con él, eso garantiza que su vida está alineada a la voluntad del Padre, mientras más ministros de Dios estén alineados con el Ruaj HaKodesh, veremos más guerreros que tienen claro que su enemigo es el diablo, y veremos menos legalistas que se levantan en contra de los movimientos del Espíritu Santo, como si el único movimiento de Dios sea el de sus congregaciones, debemos estar unidos como un solo pueblo, un solo cuerpo, más allá de las denominaciones, compartiendo un solo sentir, extender el reino, buscar las almas, afirmarlas, prepararlas, formarlas, comisionarlas y que cada día hayan más y más nuevos creyentes, debemos ser soldados de Jesucristo en contra de las tinieblas, nuestro verdadero enemigo.

La Santidad es un arma poderosa para un Hijo, es lo que nos ayudará a caminar seguros, bajo las alas del Eterno, la Santidad nos da autoridad ya que alguien que está en Santidad, está sujeto a la voluntad del Abba, no hace lo que quiere, ni lo que se le ocurre, sino que está apartado para la obra, está apartado para cumplir los diseños del Abba y no lo que sus sircunstancias lo lleven a realizar emocionalmente. Alguien que está en santidad, sabe que será usado sólo por Dios y que es un instrumento, un vaso de honra en las manos del Abba y esperará siempre la dirección del Ruaj HaKodesh.

Un Esdras debe ser sujeto. Jesús dijo, yo soy la vid y vosotros los pámpanos; el que permanece en mí, y yo en él, éste lleva mucho fruto; porque separados de mí, nada podéis hacer. Esto claramente habla de estar sujetos, de permanecer, esto quiere decir, perdurar y perseverar durante el tiempo en la voluntad de Dios, y en Jesucristo, el hecho que una persona tenga una revelación profunda y palabras poderosas, nunca será señal que es dueño de la verdad, ni mucho menos que es mayor de quien no la tiene, tener revelación, conocer la palabra y tener espíritu de inteligencia y conocimiento, sólo nos dice que es alguien que está desarrollado para funcionar en el cuerpo de cristo para edificación de los Santos, pero si un maestro está en el espíritu, debe ser sujeto y obediente a las autoridades delegadas por Dios sobre él. Vemos como el apóstol Pablo permaneció sujeto a toda instrucción, y esperó en el espíritu a que fuera apartado para ser finalmente comisionado para la obra de Apóstol, cualquier otra persona hubiera pretendido ser mayor que los demás, ya que al ser fariseo, erudito y preparado por Gamaliel, perfectamente podría haber sentido dentro de él, que nada tenía que aprender, pero Pablo comprendió que hay un orden que respetar, que no puede pasar por alto lo que Dios ha establecido, y esperó en obediencia, sujeción e instrucción, la asignación por parte del espíritu Santo.

La sujeción también nos da autoridad, el Centurión le dijo a Yeshúa, yo también soy hombre bajo autoridad, es decir, que le estaba diciendo que comprendía cómo funciona la sujeción, es interesante ver la actitud del centurión, que cuando se acercó al maestro, dice la escritura que se acercó rogando, en una actitud humilde, manifestando su necesidad al Señor.

Un Esdras debe ser humilde. Alguien humilde es quién no vive en competencia, ni en apariencias, alguien que no se jacta de cuanto conoce las escrituras, alguien que sabe que toda virtud, don, revelación y conocimiento que pueda poseer, no proviene de sus fuerzas, sino de Dios, la humildad provoca una actitud constante de agradecimiento hacia Dios, y provoca que nuestro corazón esté cerca de él, ya que nos hace conscientes de lo dependientes que somos de su presencia, la humildad es lo que provoca que el Padre nos ponga en lugares altos, en lugares de influencia, como liderazgo, pioneros y punta de lanza, ya que alguien humilde será aquel que no será vanaglorioso, sino que siempre va a comprender que es por la gracia de Dios que ha logrado o alcanzado ciertas posiciones de influencia. Alguien orgulloso de su conocimiento, seguramente será alguien con una personalidad no enseñable, para nada moldeable, alguien que se cree justo y es jactancioso, será alguien que estará estancado y lo peor de todo, es que no se dará cuenta. Personalmente yo era muy, pero muy orgulloso, e incluso debe quedar algo ahí, sólo Dios lo sabe, y lo peor es que no me daba cuenta de lo orgulloso que era, hasta que conocí a esos verdaderos amigos que te aman y te dicen lo que está mal en ti, a los mentores que he tenido, mi esposa también, que cuando ven actitudes o comportamientos orgullosos en mí, me lo dicen y como amo al Señor, no quiero ofenderlo, ni estar alejado de él, me arrepiento y rechazo todo orgullo de mi vida, los amigos y personas que te aman y te dicen las cosas con verdad y amor, son muy valiosos en tu caminar con Jesucristo, me ha ocurrido que he tenido conversaciones con personas muy orgullosas, personas que han manifestado que no tienen necesidad de nada, que llevan muchos años en una iglesia y que toda la vida han escuchado dichos o doctrinas y nadie los hará cambiar de opinión, y es así, una lamentable verdad, si no nos examinamos a nosotros mismos o no oramos al Señor que nos examine, que pruebe nuestros pensamientos, que nos muestre aun lo que nos es oculto ante nuestros ojos o sabiduría humana, nunca creceremos más allá. Las personas que se jactan de cuantos años estudiaron teología, pero que con sus hechos manifiestan orgullo y altivez, sólo demuestran que no existe teología y ningún estudio que cambie el corazón del hombre, he visto debates alucinantes de varones que expresan y exponen todo su conocimiento con un lenguaje técnico impresionante, llamándose la atención que se saltó la ley de tal y tal cosa o que la definición del diccionario o la versión tal de la Biblia, sin embargo, se exponen a sí mismos como orgullosos e inmaduros, que usan la palabra de Dios para contienda y no para edificación, su orgullo los aleja de Dios, y claramente sus palabras son lanzadas con cualquier espíritu, menos el Espíritu Santo, es maravilloso ser libre de aquello, buscar esa liberación, comprender que debemos hacernos ignorantes, que siempre existe la posibilidad que no veamos el panorama completo, hasta que el Espíritu nos revele sus verdades y que en ningún caso, será para jactancia nuestra, pues, cuando somos hijos de Dios y mantenemos una comunión con el Espíritu Santo, tenemos clara nuestra identidad delante del Padre, y somos conscientes que sin Jesús, no somos nada, que sólo por amor y misericordia tenemos acceso confiado al trono de la gracia y que no necesitamos nada más que su presencia, Dios nos educa, nos da crecimiento y nos enseña todas las cosas, para deshacer las obras del diablo, quien es nuestro enemigo. A un Esdras se le asigna la revelación y el conocimiento para edificar al pueblo de Dios, no para demostrar jactanciosamente cuanto sabe y conoce de la palabra, más bien, para llevar al pueblo a un entendimiento de las escrituras, para que así, sean todos capaces de leer y comprender, escuchar y entender y también para trabajar en equipo con otros ministros y dones y oficios.

Un Esdras debe tener amor, el amor de Dios permanece por sobre todo, y es lo que nos ha dado salvación, por amor Dios envió a su hijo, por amor Yeshúa fue obediente hasta la muerte, por amor nos dio herencia y salvación, el amor permanecerá para siempre, la palabra en primera de Corintios, capítulo 13 verso 2 (RV 1960) dice así;

"Y si tuviese profecía, y entendiese todos los misterios y toda ciencia, y si tuviese toda la fe, de tal manera que trasladase los montes, y no tengo amor, nada soy".

Es decir que aunque logremos entender todos los misterios y revelaciones más profundas, nunca seremos nada, sin el amor de Dios. Todo el conocimiento que Dios nos pueda entregar, siempre debe ser para edificar y nunca para destruir, entendiendo y recordando que no nacimos sabiendo y conociendo toda la palabra, ni mucho menos nacimos santos, sino que también tuvimos que pasar por las diferentes etapas que pasa todo nuevo creyente, y tenemos aún, mentores y maestros que nos ayudaron a madurar y salir de la condición de niños, a éstos debemos honrar en extender el reino de los cielos como ellos lo harían, aunque lleguemos a alcanzar mayores cosas, reconocer que tenemos una formación gracias a aquellos que nos entregaron todo lo que saben y no ser como una persona orgullosa lo haría, el deber de un Esdras es edificar a los santos, entregando la mayor cantidad de armas en contra de las fortalezas, argumentos y altiveces que se puedan levantar para hacer guerra a que el conocimiento de Dios se extienda por el mundo.

Quién está alineado al Espíritu Santo, su fruto demuestra y sus dones lleva consigo, cuando alguien se levanta para ser un aporte en el cuerpo de Mashiaj, lo hará siempre bajo la voluntad de Dios y no bajo la propia, todo el ministerio de Yeshúa fue basado en el amor, y por amor, el Padre lo dio al mundo, por amor Yeshúa fue engendrado, caminó en la tierra, era constantemente movido por el amor y la compasión por las ovejas perdidas de Israel, lloró por su amigo Lázaro, y enseñó el amor hasta niveles que los hombres consideran una locura, el amor es obediencia, fidelidad, compromiso, trabajo, esfuerzo, soporte, resistencia, Jesús siempre decía, lo que veo hacer a mi Padre, eso hago, porque vino a cumplir su voluntad, por amor, preocupémonos de hacer la voluntad del Padre. Amado lector, Yeshúa es nuestro modelo a seguir, él es la meta a la cual debemos llegar, y debemos cada día buscar ser semejantes en todo a él, Dios nos ha dado éstos regalos inmerecidos, hoy podemos tener la potestad de ser llamados hijos de Dios, sólo por la gracia somos salvos, el mayor poder que podemos usar es el poder de su amor, y el fruto y resultado del amor, será como el amor, tendrá una preeminencia y permanencia, hasta la eternidad.

Cada hijo de Dios, se conocerá más así mismo, en cómo el Padre creador lo diseñó, conocerá más su propósito y ministerio, a medida que más conozca al Padre, la obra conoce a su creador y de esa manera se conoce así mismo, debemos conocer nuestra imagen original y en todo cuanto podemos llegar a ser semejantes a nuestro Padre celestial, Yeshúa dijo; que nada hacía, que no haya visto o escuchado de su Padre, es decir, que él es la imagen y semejanza original con la que fue creado el Hombre, el segundo Adán, debemos dejarnos ser alcanzados por Yeshúa, y no resistirnos al cambio, ni a la transformación, es un privilegio saber que somos escogidos, que somos anhelados, es una verdad tremenda y comprender que el Padre es tan incomprensiblemente grande y que en su amor, nos ama aunque somos tan imperfectos y pequeños delante de él, es difícil comprender, pero el Abba, ha querido que sepamos que es así.

"alumbrando los ojos de vuestro entendimiento (Corazón), para que sepáis cuál es la esperanza a que él os ha llamado, y cuáles las riquezas de la gloria de su herencia en los santos, y cuál la supereminente grandeza de su poder para con nosotros los que creemos, según la operación del poder de su fuerza, la cual operó en Cristo, resucitándole de los muertos y sentándole a su diestra en los lugares celestiales, sobre todo principado y autoridad y poder y señorío, y sobre todo nombre que se nombra, *no sólo en este siglo, sino también en el venidero; y sometió todas las cosas bajo sus pies, y lo dio por cabeza sobre todas las cosas a la iglesia, la cual es su cuerpo, la plenitud de Aquel que todo lo llena en todo. "* Libro de Efesios capítulo 1, versos 18 al 23.

PIZZA PARA CUATRO.

Mi hermosa madre, Elsa Rojas, una mujer fuerte, valiente, con un carácter firme y valores que son dignos de imitar, ha sido un pilar fundamental en mi formación, muchos de los principios de familia los aprendí de ella y con ella. Recuerdo que cuando era niño, junto a mis otros 3 hermanos, nos gustaba ver una serie animada que se llamaba las tortugas ninjas, las que eran casi adictas a la pizza y siempre como niños teníamos la curiosidad de comer pizza, y mi madre, siempre con ese carácter de mujer virtuosa, tenía grandes ideas para romper la rutina, para a pesar de cualquier circunstancia, no mostrarnos las aflicciones de un mundo que es muchos aspectos un niño no puede comprender, ella se esforzaba al máximo para darnos una niñez feliz, hoy en día comprendo la fuerza de una madre que, teniendo poco, hacía mucho, porque es justamente así, hoy en día vemos mujeres que literalmente hacen malabares para con poco hacer mucho, alimentar a sus hijos, darles educación, vestirlos, etc. La mayor habilidad de una madre, es darle a sus hijos, de lo que tiene, sin que ellos se den cuenta de lo que falta.

En aquel tiempo jugábamos con mis hermanos, y justamente inventábamos juegos representativos de las caricaturas que nos gustaba, y como las tortugas ninja eran cuatro, nosotros nos poníamos el nombre de cada uno de ellos, recuerdo claramente, que yo decía ser miguel ángel, y había una frase que éstos personajes decían a la hora de comer; ¡¡Pizza para cuatro!! Exclamaban cuando les traían pizza. Mi madre muy ingeniosa, en un período de pobreza, tomaba los fideos que quedaban del almuerzo y los hacia tortilla, una tortilla redonda, grande, ella ponía todo su amor y el sabor en esa tortilla, como no conocíamos la pizza, ella nos daba lo que en ese entonces queríamos, y nos decía que la tortilla de fideos era la pizza para cuatro, recuerdo que mientras jugábamos, felices, sin tener mucho, pero aquellos eran los mejores momentos que pasábamos como hermanos, ella nos llamaba desde el primer piso y gritaba; ¡¡ya niños, vengan a comer pizza!! Y nosotros gritábamos a una sola voz; ¡¡Pizza para cuatro!! Y corríamos por la escalera para servirnos ese manjar delicioso que con amor nuestra madre había preparado. Una vez, una vecina que estaba embarazada, escuchó a mi madre gritar, ¡Ya niños, a comer pizza! Lo que provocó en ella un antojo, y fue tal el antojo que fue a mi casa a pedir a mi mamá, si era posible que le compartiera un trozo de pizza, y bueno, mi madre le tuvo que contar la historia de la ¡¡ Pizza para Cuatro!!

El carácter de un hijo de Dios, a veces se demuestra en hacer mucho con poco, en mirar lo positivo de la vida, en encontrar las oportunidades en los momentos malos, un Hijo de Dios, siempre se va a levantar en las situaciones más adversas, como Pablo, que seguía ejerciendo su ministerio, aún desde la cárcel, no se echó a morir, sino que perseveró, hay quienes se dan por vencido antes de tiempo, pero, mira amado lector, mira lo que tienes a tu alrededor, si aún respiras y tienes vida, significa que puedes hacer mucho, con poco. Dios le preguntó a Moises, qué tienes en la mano, y solo era una vara, ¿cómo era posible hacer frente a un gran imperio, sólo con una vara? Y es que tampoco se trata de la vara, se trata de Jesús, si él está contigo, cualquier cosa que tengas en la mano, será para hacer mucho, aunque sea con poco, con esa vara Moises abrió el mar rojo, hizo tremendas señales y tú ¿qué tienes en la mano? Preséntalo al Padre Celestial y veras que aunque parezca poco, podrá hacer mucho. La habilidad de un Esdras es también tomar de toda circunstancia, una enseñanza de vida, es ver a Dios en todo lo que lo rodea y escuchar su voz aún en los tiempos de dificultad o de escases.

UNA SONRISA QUE CALMA TORMENTAS.

Mi Padre, Hector Urbina, que en paz descanse, hasta el día de hoy ha sido una fuente de inspiración para mí, un ejemplo de un verdadero hombre, en muchos aspectos, personalmente, he trabajado mucho, en diferentes tipos de trabajo, y no he conocido a otro hombre igual que él en cuanto a trabajar, pues mi padre, era discapacitado de sus piernas, usaba bastones, se movilizaba en una tricicleta, de esas que tienen los pedales en la parte del manubrio, y que es sumamente difícil de manejar, él era técnico y reparaba televisores, radios y toda clase de electrodomésticos, incluso en un momento de fuerte adversidad económica, tuvo la valentía de establecer su propio emprendimiento, un pequeño taller de reparación de televisores y radios. Recuerdo que él, siempre se levantaba temprano a trabajar, esforzado y luchador, que a pesar de muchas circunstancias de la vida, siempre se esforzó por traer el pan a la mesa.

Nunca me olvidaré cuando se enfermó de un tumor cerebral, él siempre fue muy gracioso, estaba con la broma en su boca en todo momento, y nos provocaba más de una carcajada, todos sus hijos sacamos de cierto modo ese sentido del humor, de hacer bromas y alguna que otra payasada para alegrar a quienes nos rodean. Cuando mi papá se enfermó, vimos que el tumor lo estaba apagando poco a poco si se puede decir de alguna manera, sin embargo, si hay algo que puedo recordar hasta el día de hoy, era todas las gracias que hacía aun estando enfermo, había perdido la memoria, el habla, ya no reconocía a sus amigos de toda la vida, pero en ese estado, él siempre lograba dibujar una sonrisa en la cara de quienes le rodeaban, con su rostro expresaba tanto, incluso hasta el día de hoy, si lo imagino, es como si pudiera recordar esa risa contagiosa, cuando hacia bromas, a veces, bromas un poco pesadas, pero que lograban alegrar a todos los que le rodeábamos, recuerdo que cuando estaba postrado en cama, escuchaba una canción de la presentación de una novela, y el ya no hablaba a esas alturas en que el tumor había crecido mucho, pero, cuando esa canción sonaba, el comenzaba a moverse en su camilla demostrando que quería bailar, le agradaba, y veía en la expresión de sus ojos la vida, aún en esa situación, recuerdo que, cuando lo operaron del tumor, al día siguiente lo fuimos a visitar, y cuando lo vi sentado en la cama, lo primero que hizo fue hacer una broma, y entonces supe que ya se había recuperado, mi papá estaba de vuelta, lamentablemente unos años después el cáncer terminó con su vida, pero nos dejó una vida de ejemplo, del esfuerzo, la constancia, la perseverancia, una voluntad tremenda y una fe inquebrantable, mis padres me enseñaron que Dios es real, ellos eran personas muy respetuosas, nunca se trataron con palabras groseras, ni con apodos, siempre nos demostraron que el amor es el pilar principal de la vida, de una relación, de un matrimonio. Mi madre, una mujer valiente, siempre estuvo al lado de mi padre, cuidándolo, firme y fuerte, hasta que él partió, ella lo cuidó con tal amor, que se preocupaba que estuviera limpio, bien presentado, cómodo, que recibiera amor, mi madre es una mujer virtuosa sin lugar a dudas, como ella, hay muy pocas.

En tu vida amado o amada, habrán personas que van a marcar un hito importante, que te serán de inspiración, quienes serán parte de lo que hoy es tu carácter, porque el carácter se forma, y cuando procuramos cambiar la forma de nuestro carácter, en nuestras vidas, es entonces cuando debemos decidir, qué es lo que le dará esa forma y cómo se lo dará. Jesús ha sido clave, para ayudarme a desarrollar mi carácter, por muchos años, cuando hablaba de mi padre, era inevitable, emocionarme, me daba cuenta que el recordarlo causaba un dolor en mi corazón, y eso me hacía entender que aún no había superado su muerte, sin embargo, Jesús me enseñó a tomar todo lo bueno que aprendí de mi padre, y convertirlo en una gran fuerza de inspiración para mi vida, hoy en día hay veces que no tengo deseos de trabajar, de levantarme tan temprano, de avanzar, o me levanto un poco enojón, sin embargo recuerdo a mi papá, que teniendo ese problema en sus piernas, se levantaba cada día a trabajar, caminaba con sus bastones los cuales tenían un sonido muy característico, se subía a su tricicleta y se iba a trabajar, lo recuerdo siempre firme a pesar de las tormentas, mi Padre Hector Urbina, siempre estaba con una sonrisa y una broma, para calmar esa situación, quien quizás podría haber sido diferente por causa de su discapacidad, podría haber sido amargado, haber sido duro con el resto, él decidió ser alegre hasta el final.

La decisión es tuya mi amigo o amiga, ¿cómo quieres que sea tu vida? Entrégala a Jesús, pídele que te enseñe, como enfrentar cada área, situación o problema de tu vida, a veces nos quejamos porque sólo tenemos queso, jamón y otras cosas para comer, y quisiéramos comer algo en que estamos antojados, por capricho, y el no tener lo que queremos en el momento nos pone de mal humor, despreciando lo que para otros sería un manjar en su mesa, pero te quiero decir, que lo que tengas en la mesa, es motivo de agradecer al Señor, porque él siempre ha estado ahí, para apoyarte, bendecirte y darte vida. Lo que para muchos es una situación para ser destruidos, para alguien con un carácter maduro, es una oportunidad, de crecer, de desarrollarse, de glorificar a Dios, de manifestar que Dios es tan poderoso que cambiará el mal en bien y nuestro lamento será cambiado en baile. Yo pude aprender de mi papá que aunque tengas tus piernas con una incapacidad, si te lo propones, puedes ser feliz, puedes trabajar, puedes emprender tu propio negocio, puedes tener hijos, esposa y una familia.

LA BICICLETA SONORA.

Aproximadamente un año antes de tener un encuentro con mi hermoso Jesús, trabajaba en una carnicería de un supermercado muy conocido en la ciudad donde crecí, yo era para ese entonces, un joven muy amargado para la edad que tenía, el haber perdido a mi padre, vivir pobreza y quizás no tener oportunidades o no verlas, me hizo ser orgulloso y frustrado, eso es porque la perspectiva que tenía de la vida estaba errada, no tenía a Jesús en mi vida, vivía el día a día como un verdadero robot. Cada vez que debía salir a trabajar y ahí estaba esa bicicleta que usaba como medio de transporte, el supermercado quedaba aproximadamente a unos 45 minutos de pedaleo constante del lugar donde vivía, debía ir relativamente rápido para alcanzar a llegar a tiempo, debía salir cerca de las 7:00 am de mi casa, cada día a ese supermercado, con lluvia, frío o sol, era ese mi medio de transporte, cuando había lluvia, me ponía una bolsa de basura como una manta de protección para evitar mojarme, y así emprendía mi viaje diario, aproximadamente unos cuatro meses antes de encontrarme con mi Jesús, después del invierno, la bicicleta comenzó a emitir un sonido un poco desagradable, con cada pedaleo, era un sonido, como que algo se quebraba y a la vez como una puerta vieja que se abre, ese sonido que las bisagras gritan por falta de aceite, el asunto es que el sonido era cada vez más fuerte y yo, como era tan orgulloso, me preocupaba que las personas que caminaban por las avenidas escucharan lo horrible que sonaba mi bicicleta, aunque quizás a nadie le importaba, pero el que es orgulloso cree que todos se van a fijar en el joven con la bicicleta ruidosa, en realidad, más que el tener que pedalear todo ese trayecto, más que tener que pasar cada día la misma rutina, lo que más me molestaba era el emitir ese molesto sonido durante el trayecto, entonces cada día, sonaba más fuerte y más horrible esa bicicleta, con cada pedaleo, crak, cruek, crak, cruek, sonaba y sonaba, la verdad es que detestaba tanto ese sonido, que ya no quería usar esa bicicleta, pero como estaba en una situación de pobreza, era todo lo que tenía, y eso me frustraba y enfurecía. Cada día me levantaba y miraba con odio a esa bicicleta, le lanzaba un par de insultos y salía a pedalear, a parte de todas las situaciones que estaba pasando, ese sonido que me acompañaba a mi trabajo era la gota que rebalsa el vaso, el colmo de mis problemas, hasta que ocurrió algo que cambiaría mi vida para siempre, llegó el maravilloso día en que tuve el encuentro más importante de mi vida, lo cual ocurrió así, un día, después de haber tocado fondo, por haber tomado malas decisiones, haber sido un necio y orgulloso, no me di cuenta como poco a poco estaba en una prisión, no es que hubiera estado preso en la cárcel, sino que era una prisión espiritual, estaba encerrado en un círculo vicioso, una rutina sin sentido, todos los días eran iguales, todo lo veía gris, la única diferencia es que algunos días llovía y otros días había sol, pero para mí era la misma rutina, como un ciclo, un bucle de tiempo que se repetía sin cesar y uno de esos días, intenté quitarme la vida, estaba decidido a hacerlo, pero cuando lo iba a hacer, algo me frenaba, buscaba formas de hacerlo lo más rápido posible, pero aun así algo me detenía, entonces en un momento le dije a Jesús, si eres real, muéstrame una salida, fue entonces cuando vino a mi mente la imagen de un amigo que hasta el día de hoy tengo, Alejandro Alegría, que por cierto es pastor y tiene una hermosa congregación en la ciudad conde crecí, ese día en particular, fue un día extraño, por alguna razón su rostro vino a mí, el recuerdo de las veces que me habló del Señor y su plan de salvación, entonces fui a su casa, en mi bicicleta sonora, y recuerdo que cuando él me vio, de inmediato supo que yo necesitaba ayuda, me habló con amabilidad y me ofreció quedarme en su casa, y cuando llegó el día domingo, me invitó a su Iglesia, con el Pastor Alberto, fue allí donde Jesús me llamó, me transformó, me liberó, sanó y nací de nuevo, y es literal, cuando alguien nace de nuevo, todo en ti es diferente, todo lleva la esencia de Jesucristo, nací a un nuevo Max Urbina, que ahora veía la vida desde un lente totalmente diferente, cambió la perspectiva de la vida, y recuerdo que vino un amor tan grande a mi vida por Jesús, que comprendí el gran amor con el que nos ama, su misericordia, su perdón, tanto, que cuando llegaba a la Iglesia, el grupo de alabanza tocaba las canciones de Júbilo, pero con la letra de esas canciones yo no paraba de llorar, todos aplaudían, danzaban con gozo, pero yo, solo lloraba, para qué hablar de las alabanzas de adoración, escuchaba esas alabanzas y lo que decían, y mientras lloraba, era libre, Dios me estaba liberando, me sanó de una enfermedad al corazón, y me restauró. Al pasar el tiempo, yo quería aprenderme una de esas hermosas alabanzas que escuchaba en la congregación, el Pastor Alberto Jaque, que recuerdo con mucho cariño y su esposa la Pastora Antonieta, les pedí algunas canciones, mi canción favorita de aquel entonces y hasta hoy es; tómame en tus brazos, de Abel Zavala, porque realmente sentía que el Señor me tomaba en sus brazos, entonces me hice una lista de reproducción y me iba esos 45 minutos de pedaleo, escuchando las alabanzas dedicadas a mi Jesús, fue entonces cuando el momento que más odiaba, ese momento de la bicicleta sonora; crak, cruek, crak, cruek, se transformó en el momento más anhelado del día, porque eran mis 45 minutos con el Señor, en esos 45 minutos, descubrí lo que era adorar al Señor, experimentaba su amor, su bondad, agradeciendo cada día de vida, lloraba con las revelaciones de su amor, ya no me importaba que la gente viera pasar a un loco, llorando y gimiendo a toda voz con una bicicleta sonora, sólo me importaba estar con Jesús, ciertamente sentía a Jesús a mi lado mientras iba pedaleando, sentía su presencia a mi lado, en cada momento, en cada esquina que me detenía, en cada semáforo, ahí estaba su presencia, desde que me encontré con él, nunca se ha alejado, siempre ha estado ahí, fue cuando le escribí la canción; Tanto me has dado. En donde me di cuenta que lo material no era importante, sino la vida, su perdón, su amor, su misericordia, su bondad y mucho, mucho más que nos da, y si hoy en día tengo algo, es gracias a él, si he alcanzado algo, es gracias a él, ya mis días tienen sentido, tienen un propósito y tienen vida.

Jesús nos ayudará a tener un carácter formado, en la medida que le permitamos a él formarnos, si quieres que Jesús haga una obra en tu vida, sólo debes decir ésta oración:

Señor Jesús, confieso que tú eres mi Señor, que naciste, viviste, moriste y resucitaste según las escrituras, hoy te pido que vengas a mi encuentro, lléname de tu presencia, transforma mi vida, inscribe mi nombre en el libro de la vida, perdóname por todos mis pecados y límpiame de todo lo malo que hice, en tú Nombre mi Jesús, amén.

 Capítulo 3...

···La Dimensión del Rabí···

La Dimensión del Rabí.

Una de las principales características respecto a la función de un Esdras, es la habilidad de ser un Maestro, pero aquel maestro que fluye, en la enseñanza profética, aquel que puede discernir la necesidad de las personas en cuanto a aprendizaje, recordemos en los capítulos anteriores, que vimos la definición de Rabí, estoy hablando de la esencia de un Rabí en el espíritu, uno que tiene discernimiento, que tiene un olfato que le permite conocer el estado de conocimiento o ignorancia de un determinado pueblo, no para criticar, sino con la pasión por enseñar, edificar, un Rabí tiene la facultad de enseñar y fluir en el conocimiento revelado, todo cuanto el Ruaj HaKodesh quiera enseñar, la unción y don de enseñanza, van muy relacionados con un Esdras que ha despertado en él, la dimensión del Rabí.

La Dimensión del Rabí es la habilidad divina de acceder a códigos divinos, que han sido revelados desde el espíritu y esencia misma de las escrituras, porque un Esdras comprende que la Palabra está viva, y que nos habla, nos responde, porque Yeshúa es la Palabra hecho carne y en él está la esencia primaria de un verdadero Rabí.

Muchos se acercaban al Maestro pidiendo enseñanza, y le decían Rabí, es decir que se acercaban esperando ver la manifestación de la dimensión del Rabí del Mashiaj, una enseñanza plena, fluida, espiritual, una enseñanza revelada por el Ruaj HaKodesh, la revelación es lo que alimenta o nutre nuestro espíritu, el Apóstol Pablo, describe la revelación como alimento sólido, como vianda, de la cual los niños espirituales no son capaces de "digerir" es ésta revelación que nos nutre para el crecimiento espiritual, revelación que no puede ser dada por un hombre, no se puede imitar, es revelada por el Ruaj a nuestro hombre interior, con verdaderos códigos que pueden significar un acceso a otros niveles de profundidad en cuanto al conocimiento. La dimensión del Rabí es parte fundamental del espíritu de Esdras, ya que por esencia, los Esdras de los últimos tiempos enseñarán y edificarán al pueblo a través de la dimensión del Rabí.

La Revelación de la palabra de Dios, es un arma poderosa para destrucción de fortalezas, es lo que derriba argumentos y pensamientos de un Dios concebidos por el intelecto humano y la religión legalista e intelectual que sólo tiene información sin espíritu, las que han provocado un estancamiento y falta de desarrollo en el cuerpo de Mashiaj.

La Dimensión del Rabí, es lo que extrae de la Palabra, su esencia misma, su revelación, nos permite entender por el espíritu de conocimiento y entendimiento lo que realmente la escritura quiere decir, sin dejar nada de lado, sin dejar de ver la importancia de cada letra, tilde, etc. Una vez leí la tesis de una persona, y quiero exponer esto sin ánimos de criticar, pero me parece un ejemplo perfecto para que podamos ver la función específica de la dimensión del Rabí. La persona decía que, La palabra se debe leer en ciertos contextos, por ejemplo decía que cada carta o libro iban dedicados a cierto grupo de personas y esas cartas o libros no eran para nosotros, que no las entenderíamos, porque deberíamos conocer la cultura, el tiempo, el pensamiento, etc. entonces postulaba que, la Carta a los Hebreos, por ejemplo, no la podíamos leer, porque estaba escrita exclusivamente a los Hebreos, y si vemos ésta tesis, de manera natural, con el intelecto humano y un pensamiento crítico, suena lógico, sin embargo, la persona que postuló esto, ha descuidado lo principal, y es que, la misma escritura dice que tenemos la mente de Mashiaj, es decir que la palabra que es Mashiaj también, que está viva, que es en esencia espíritu y cada palabra es espíritu, a nuestro espíritu va a hablar, la esencia de Mashiaj, es totalmente comprendida por alguien que tiene su mente, es decir, que las escrituras las vamos recibir por revelación de una esencia a nuestra mente renovada, de alguien que ha nacido de nuevo, por eso el Apóstol Pablo, hizo énfasis constantemente a una hermosa verdad; Ya no hay Judío ni Griego, es decir que somos del cielo, porque Nuestra esencia con la que nacimos en el mundo, cambió, al nacer de nuevo, somos nueva criatura y la mente de Mashiaj está en nosotros, ahora podemos comprender, conocer, saber, gustar, ver, etc. lo que antes no podíamos. Entonces la dimensión del Rabí nos permitirá ser una fuente en la que fluye el conocimiento revelado, sin límites, porque el Ruaj HaKodesh no los tiene.

No hables de niveles lo que doy sin medida…

Un día estaba orando al Señor, pidiendo más de él, hambriento por su presencia, su unción, su revelación, recién había terminado de escuchar unos poderosos testimonios de avivamiento y parte de mi oración en ese momento fue; Señor, como anhelo alcanzar esos niveles de unción, de revelación, de autoridad… Fue entonces cuando mi oración fue interrumpida por la voz del Ruaj HaKodesh, y me dice claramente; No hables de niveles, lo que yo doy sin medida. Entonces quedé en silencio por unos minutos, meditando en aquello que había ocurrido y a la vez intentando comprender lo que para mí, minuto a minuto se estaba transformando en una respuesta a mi oración. Entonces volví a hablar al Señor y le dije, quiero aprender, necesito que me enseñes en dónde aparece eso en tu Palabra, entonces me entrega la Palabra:

"Juan 3:34 Porque el que Dios envió, las palabras de Dios habla; pues Dios no da el Espíritu por medida".

Durante mucho tiempo, me ha llamado la atención el lenguaje de algunos predicadores, quienes han influenciado a generaciones completas a una dependencia a los hombres más que a Dios, como vimos en los capítulos anteriores, es muy importante la sujeción, ser mentoreados, ser enseñados, sin embargo, el Rabí que está en sintonía con el Ruaj, es aquel que llevará el corazón de sus discípulos al Padre, a depender de él, a formar una comunión, a conectarse a la fuente de su don, el cual es darnos de beber para que no tengamos sed. Muchas personas van a buscar un mensaje tremendo y lleno de revelación, y eso está muy bien, el aprender constantemente, el escuchar mensajes y ponerlos por obra, pero el mensaje está errado cuando influencia a las personas a permanecer apegado al hombre, como única fuente de la revelación.

Hay excelentes predicadores que en todo momento llevan a las personas a Dios, les enseñan y los instruyen, para que su corazón vuelva al Padre, las revelaciones son aquellas que exaltarán el Nombre de

Yeshúa y lo honrarán, no el nombre de un hombre, pues, la misión es presentar al creador, no a la creación.

Un Esdras es aquel que en su caminar con Dios, en su búsqueda, en su aprendizaje, en el haber recibido revelación, en su comunión, intimidad, adoración, etc. comprende que hay muchos que no han alcanzado aún conocer a Mashiaj, que hay muchos que han experimentado algo superficial y necesitan conocer que existe una profundidad, es entonces cuando despierta la dimensión del Rabí, para transmitir, enseñar, despertar y testificar a las personas a conocer lo profundo de Dios. A través de las revelaciones de la palabra, las personas no sólo leen un libro que no entienden y que no les hace sentido en muchos aspectos, sino que comienzan a recibir una palabra viva, que les responde, que los transforma, que los nutre y les dará crecimiento.

Es tan emocionante, pasar horas y horas leyendo la Palabra, aprendiendo más y más del amado, conocer sus dichos, enseñanzas, aquel nos lo dio todo, que nos redimió, justificó, perdonó, limpió, restauró, libertó, etc. Es tanto lo que El Padre nos ama, que nos dio un privilegio invaluable, que es servirle, que es conocerle, que es ser adoptados como sus Hijos, ser herederos, ser parte de una gran familia, un gran pueblo.

Comenzar una búsqueda para conocer profundidad, es reconocer a los Esdras que Dios ha de establecer en éstos últimos tiempos, los que han entrado a la dimensión del Rabí y nos enseñarán de tal manera que conoceremos más a Dios.

Quizás tú mismo eres un Esdras, que estás siendo preparado en lo secreto, tienes una pasión ilimitada por enseñar y compartir, pero sientes que debes prepararte y la escritura nos declara una poderosa verdad;

"1 Juan 2:20 Pero vosotros tenéis la unción del Santo, y conocéis todas las cosas".

La Unción del Ruaj HaKodesh, nos capacita, nos instruye, nos da lo necesario para desarrollarnos, por esto es mucho más importante buscar una comunión en intimidad con el Ruaj, antes de simplemente comenzar a llenarse de información, nuevamente hago un hincapié, en que no es malo estudiar, al contrario es muy bueno, pero más importante aún, es hacerlo con la dirección, instrucción y revelación del Ruaj en nuestras vidas.

En las escrituras se nos insta a crecer y ser Maestros, es decir que debemos crecer para entrar a la dimensión del Rabí, las escrituras nos enseñan que no debemos permanecer conformados, que debemos ser renovados en nuestro entendimiento, que debemos *crecer, madurar, desarrollarnos, ser efectivos y aptos para enseñar.*

"Hebreos 5:11 Acerca de esto tenemos mucho que decir, y difícil de explicar, por cuanto os habéis hecho tardos para oír. 12.- Porque debiendo ser ya maestros, después de tanto tiempo, tenéis necesidad de que se os vuelva a enseñar cuáles son los primeros rudimentos de las palabras de Dios; y habéis llegado a ser tales que tenéis necesidad de leche, y no de alimento sólido. 13.- Y todo aquel que participa de la leche es inexperto en la palabra de justicia, porque es niño; 14.- pero el alimento sólido es para los que han alcanzado madurez, para los que por el uso tienen los sentidos ejercitados en el discernimiento del bien y del mal".

Consideremos lo siguiente; la Dimensión del Rabí se activa cuando somos prontos para oír, el sentido de la audición es por causa de la Palabra de Dios, si tenemos la facultad de oír es porque el Padre sabe que la revelación ingresa a nuestro espíritu por el oído, la boca espiritual por la que el alimento ingresa y nos nutre, es nuestro oído. Cuando somos prontos para oír, en el tiempo, nos vamos haciendo maestros, la Dimensión del Rabí se abre ante nosotros para que tarde o temprano, podamos entregar a otros, lo que está en nuestro depósito espiritual, mientras más palabra y revelación tengamos, *más tendremos para entregar, para enseñar, para edificar y mientras más entregamos, más Dios nos entrega, y nos volvemos maestros efectivos.*

Si eres un maestro que de manera efectiva prepara, edifica, instruye y tus discípulos han sido formados para edificar, enseñar e instruir a otros, tal como tú lo hiciste, entonces has estado caminando en la dimensión del Rabí, fluyendo en el conocimiento revelado de la preciosa Palabra del Eterno.

Capítulo 4...

···La Dimensión del Escriba···

La dimensión del escriba.

Hace tiempo ha sido muy interesante para mí, y estoy seguro que para muchos que sienten un amor por el idioma hebreo es la escritura en hebreo, la elegancia de sus letras, el cómo han resguardado la preciosa palabra del eterno como lo importante que es, y lo que más me ha llamado la atención es que cuando la palabra comenzó a escribirse para que quede registrada, el primer registro de este acontecimiento, es el Eterno mismo que comienza con la escritura de todo.

"Éxodo 34:1 Y JHWH dijo a Moisés: Alísate dos tablas de piedra como las primeras, y escribiré sobre esas tablas las palabras que estaban en las tablas primeras que quebraste".

Es tan emocionante para mí saber que existe una escritura hecha por Dios mismo, con su dedo ha escrito, qué bendición y qué poderoso milagro es revelado ante nosotros

La dimensión del escriba es una revelación que el Señor me ha entregado para éstos tiempos, en donde he comprendido el porqué es importante que se active el espíritu de Esdras y que fluya en ésta dimensión, intentaré expresar de la mejor manera ésta revelación, ya que los Esdras de éste tiempo alcanzarán su madurez cuando fluyan en ambas dimensiones, ya que lo que se escribe es necesario que sea lo que primeramente fue revelado, es decir que, en la Dimensión del Rabí se recibe la revelación que será para enseñanza y edificación, pero para que tenga trascendencia en el tiempo, deberá ser escrita en la dimensión del escriba

Un Esdras que fluye en la dimensión del escriba, es aquel que llega a ser una herramienta efectiva en las manos del Eterno, es aquel que se ha dejado formar, pues ha sido forjado por el Ruaj HaKodesh, con un carácter que asegurará a ésta generación que entregará las Palabras del Padre tal y como las ha recibido, en esencia, ésa es la principal misión de los Esdras de los últimos tiempos, en donde se ha levantado un espíritu engañoso y de doctrinas de demonios.

Es necesario que Hijos con un celo vivo por la Verdad, se levanten y establezcan las verdades de la Palabra del Eterno con fervor, fuerza, valentía y esfuerzo.

*La palabra **escriba** viene del hebreo; סָפַר Safár; es una palabra de raíz primaria; y se define así:*

Propiamente señalar con una marca como tarja o registro; inscribir, y también enumerar; contar, dar cuenta, declarar, escribiente, hablar, lista, manifestar, proclamar, proferir, publicar, referir.

Lo que se escribe es lo que realmente importa, la escritura tiene un poder tremendo, porque la habilidad de escribir es, representar en una superficie, a través de letras o números, las ideas, pensamientos, conversaciones, instrucciones, expresiones, leyes, sentencias, decretos, promesas, recados, recuerdos, sentimientos, descripciones, testamentos, poemas, sabiduría, enseñanza, advertencias, bendiciones, maldiciones, etc. para que alguien más pueda leerlo, y después comprenderlo.

Una escritura puede ser poderosa, puede significar multitud de cosas, la escritura es una tremenda habilidad, en donde el escriba, utiliza un conjunto de letras o números determinados, los cuales ordena eficientemente para formar las palabras que serán representadas en el papel, papiro, piel o superficie que se escoja.

Un dato muy importante es que, Dios puede escribir en cualquier superficie, con cualquier elemento, *porque él es ilimitado, y puede escribir donde, como y cuando quiera.*

En el idioma hebreo, las letras son todas consonantes y también tienen un valor numérico, es decir que una misma letra, puede representar un número, entonces, cada palabra es representada también por un valor.

El Ruaj HaKodesh, ha inspirado a los Escribas, Apóstoles y Profetas a escribir cada palabra, la cual ha sido elegida cuidadosamente, con una intención divina, un diseño, una voluntad, y es por eso que TODO absolutamente TODO lo que se ha escrito, es importante, por eso el Mashiaj dice que ni una Yod, ni una tilde pasará, es porque todo lo que está escrito, es importante.

El Eterno da órdenes de escribir sus palabras en diferentes superficies y lugares, es en la dimensión del escriba que Dios nos inspira para escribir lo que viene desde su mismo corazón.

"Deuteronomio 6:9 y las escribirás en los postes de tu casa, y en tus puertas".

La importancia de escribir, es para que quede un registro de lo que algo representa y quién lo representa y ése registro quede para siempre y sea visto de generación en generación, porque, no podríamos conocer las cosas del pasado, sino hubiera un escriba que lo registrara, y aquellos que han hecho registros fieles de la verdad, son quienes nos han permitido conocer nuestra propia historia.

*"Salmos 102:12 **Mas tú, Jehová, permanecerás para siempre, Y tu memoria de generación en generación**. 13.- Te levantarás y tendrás misericordia de Sion, Porque es tiempo de tener misericordia de ella, porque el plazo ha llegado. 14 Porque tus siervos aman sus piedras, Y del polvo de ella tienen compasión. 15.- Entonces las naciones temerán el nombre de Jehová, Y todos los reyes de la tierra tu gloria; 16.- Por cuanto Jehová habrá edificado a Sion, Y en su gloria será visto; 17.- Habrá considerado la oración de los desvalidos, Y no habrá desechado el ruego de ellos. 18.- **Se escribirá esto para la generación venidera**; Y el pueblo que está por nacer alabará a JAH, 19.- Porque miró desde lo alto de su santuario; Jehová miró desde los cielos a la tierra, 20.- Para oír el gemido de los presos, Para soltar a los sentenciados a muerte; 21.- Para que publique en Sion el nombre de Jehová, Y su alabanza en Jerusalén, 22.- Cuando los pueblos y los reinos se congreguen en uno para servir a Jehová".*

Una de las cosas que me ha llamado tanto la atención es que las palabras escritas en las sagradas escrituras, tienen un poder sin igual, aunque hoy en día tenemos libros impresos, que no fueron escritos a mano humana, sin lugar a dudas, han sido escritas por el Ruaj, espiritualmente y no son palabras ni escritos naturales, por esto, cuando se leen, se oyen, debemos llevar lo oído a la obra, cuando somos hacedores, traemos el verbo a la carne y lo que sucedió hace siglos, se hace manifiesto en el presente.

Un Esdras que se mueve en la dimensión del escriba, es aquel que escribe la verdad, la cual no se transa, escribe y lo hace guardando la esencia misma del mensaje del Eterno, todo lo escrito, será también enseñado, en la dimensión del Rabí, puesto que es de suma importancia enseñar lo escrito y dar el entendimiento a quienes van a aprender, guiar al pueblo a estudiar y escudriñar.

"Eclesiastés 12:9 Y cuanto más sabio fue el Predicador, tanto más enseñó sabiduría al pueblo; e hizo escuchar, e hizo escudriñar, y compuso muchos proverbios. 10.- Procuró el Predicador hallar palabras agradables, y escribir rectamente palabras de verdad".

La labor de Esdras, a través de la dimensión del escriba, en los últimos tiempos no será la de escribir *libros hechos con manos de hombre, hechos de manera industrial, ni tampoco libros comunes, la función de Esdras será la de traer las verdades del reino a través de las revelaciones que darán un entendimiento espiritual al cuerpo de Mashiaj, y escribirá en la mente y el corazón del Pueblo, la Ley de Dios y en eso se conocerá quién es el Pueblo de Elohim.*

"Jeremías 31:33 Pero este es el pacto que haré con la casa de Israel después de aquellos días, dice Jehová: Daré mi ley en su mente, y la escribiré en su corazón; y yo seré a ellos por Dios, y ellos me serán por pueblo".

La manera efectiva que se escribirá la Ley, pero la verdadera Ley, no aquella letra sin espíritu, sino la que se escribe de manera espiritual y no se borra, la que escribirá el Eterno en el corazón de su pueblo, será a través de la revelación, en donde cada Hijo del Eterno podrá percibir que cada letra tiene vida, será alimento sólido para su espíritu, veremos un cuerpo de Mashiaj nutrido, fuerte y con una fe inquebrantable.

Hace algunos años, iba en un autobús rumbo a mi trabajo, el cual estaba en una minera, yo pernoctaba en aquel entonces en el campamento minero, y los buses salían de madrugada desde el campamento para llegar de mañana a las instalaciones de la faena minera, como era de costumbre, siempre durante el trayecto me ponía unos audífonos e iba escuchando mis alabanzas favoritas, esas de amor al Padre Eterno, esas que hacen suspirar por todo el amor que ha entregado el amado a nuestras vidas, mientras iba escuchando esas alabanzas, con un volumen muy bajito, porque todos los compañeros de trabajo que iban en el autobús iban durmiendo, el silencio sólo se rompía por el sonido del motor y algunos ronquidos, y de fondo, las alabanzas. Entonces comencé a sentir sueño y al momento en que cerré mis ojos para dormir, escuché la voz del Ruaj HaKodesh, suave, apacible, pero a la vez tan ¡fuerte! Que abrí los ojos para ver a quién me hablaba, porque sentí que estaba a mi lado, pero no estaba ahí físicamente, más sí espiritualmente, en aquel entonces el Ruaj me dijo sólo una frase: Hebreos 8. Y esto es lo que dice;

*"Hebreos 8:5 Pero a lo que ellos están sirviendo es **sólo una copia y una sombra de las cosas originales del cielo;** pues cuando Moshe estaba listo para erigir el Tabernáculo, YHWH le advirtió: "Mira que hagas todo conforme al modelo que te fue mostrado en el monte." 6.- Pero ahora la obra que le fue encomendada a Yeshúa **es muy superior** a la de ellos, así como el Pacto del que es mediador es mejor. Porque este Pacto ha sido dado como Toráh sobre la base de mejores promesas. 7.- En verdad,*

si el primer pacto no hubiera tenido terreno para encontrarle defectos, no hubiera sido necesario un segundo. 8.- Porque YHWH sí encuentra falta en el pueblo cuando dice: "¡Miren! Los días vienen; dice YHWH, 'cuando estableceré sobre la casa de Yisrael y la casa de Yahudáh un nuevo pacto. 9.- No será como el pacto que hice con sus padres en el día que los tomé de la mano y los saqué de la tierra de Egipto; porque ellos, por su parte, no permanecieron fieles a mi Pacto; así que Yo, por mi parte, desistí de preocuparme con ellos.' dice YHWH 10.- "Porque éste es el Pacto que haré con la casa de Yisrael después de esos días, dice YHWH: 'Pondré mi Toráh en sus mentes y la escribiré en sus corazones; Yo seré su Elohim, y ellos serán mi pueblo. 11.- "Ninguno de ellos enseñará a sus conciudadanos ni a sus hermanos, diciendo: "¡Conoce a YHWH!" Porque todos me conocerán, desde el menos importante hasta el más grande de ellos. 12.- Porque seré misericordioso para con sus perversidades, y nunca más me acordaré de sus pecados.'" 13.- Al usar el término "nuevo," Él ha hecho al primer Pacto "viejo"; y algo que se está haciendo viejo, algo en el proceso de envejecimiento, está en camino de desaparecer completamente".

La función de un Esdras que fluirá en la dimensión del escriba, entonces será la de escribir en el corazón del pueblo la Ley del Eterno, pero ésta vez con un nuevo pacto, ya los sacrificios no serán más, porque Yeshúa fue el sacrificio definitivo y sacerdote para siempre, según el orden sacerdotal de Melquisedec.

La manera efectiva de escribir la ley en el pueblo será en el espíritu y para ello, se deberá extraer la esencia misma de las escrituras y enseñarlas como fueron inspiradas a quien las escribió, es decir con la revelación de la palabra, el conocimiento revelado que será provisto por el Ruaj HaKodesh, la inspiración divina, por eso en éste último tiempo el Padre se proveerá de los Esdras que serán efectivos en educar y escribir su nuevo pacto en el corazón del Pueblo, para edificación y madurez del cuerpo de Mashiaj.

El espíritu de Esdras, será para los últimos tiempos, la esencia de la enseñanza y escritura de la palabra de verdad, y esto provocará una confrontación del intelecto humano, en contra del discernimiento espiritual, pero es de esperar que así sea, los Esdras tendrán confrontación, pero no estarán solos, pues el Ruaj del Adón, estará con ellos y si el Eterno está con su pueblo, ¿quién podrá contra el pueblo?

"1 Corintios 2:14 Pero el hombre natural no recibe las cosas del Ruaj de YHWH, ¡para él son absurdas! Además, él no tiene capacidad para entenderlas, porque son evaluadas por medio del Ruaj. 15.- Pero la persona *que tiene el Ruaj puede evaluarlo todo, mientras nadie está en la posición para evaluarlo a él. 16.- Porque, ¿quién ha conocido la mente de YHWH? ¿Quién le aconsejará? ¡Pero tenemos la mente del Mashíaj!"*

El Padre hará su obra, cumplirá su voluntad, su nuevo pacto será efectuado, y nada ni nadie podrá hacer algo para evitarlo, pues el Rey soberano ha determinado que sus leyes del nuevo pacto sean escritas en el corazón de su pueblo y con esto la identidad de Pueblo y cuerpo de Mashiaj se hará notar como nunca, la diferencia del Cuerpo del Mashiaj con otros movimientos, instituciones u organizaciones que dirán que lo son, será lo que él escribirá y esto es imposible de imitar.

Capítulo 5...

···El discípulo que será Maestro···

EL DISCÍPULO QUE UN DÍA SERÁ MAESTRO.

Un gran maestro, es alguien reconocido y respetado por sus discípulos, es alguien que lleva la sabiduría de la palabra y de los años sobre sí, no los años de vida en el mundo, sino los años de ministerio y testimonio, de comunión e intimidad, de procesos, luchas y victorias que lo formaron, pero un gran maestro no llegó a ser quién es, sin antes haber sido un gran discípulo, es decir, que todo gran maestro, fue en su momento un gran discípulo, lo que como gran maestro manifiesta, es el fruto que demuestra el haber sido en su momento un discípulo de excelencia, que prestó con diligencia atención a todas las enseñanzas, las aplicó y se volvió un hacedor de lo que su o sus mentores y maestros le enseñaron. Ésta es una ley espiritual que se conoce como la siembra y la cosecha, la podemos encontrar en el libro de Gálatas, Capítulo 6, verso 7 (RV 1960), y dice así;

"No os engañéis; Dios no puede ser burlado: pues todo lo que el hombre sembrare, eso también segará".

Entonces, esta ley obedece a que lo que somos o hacemos, determinará lo que seremos y lo que nos harán a futuro. Un buen discípulo es alguien que es sujeto, obediente en lo que su maestro le está enseñando, ya que como discípulo comprende que en el camino las respuestas vendrán, y no vive juzgando a su maestro, sino que le basta con ser instruido para el día de mañana ser el reflejo de quién lo instruyó, un discípulo obediente, el día de mañana tendrá discípulos obedientes, un discípulo que honra, el día de mañana será un maestro que recibirá honra y reconocimiento de sus discípulos.

Un buen discípulo es quién está siempre dispuesto a aprender, la palabra aprender viene del hebreo *lamad*, es el proceso en el cual se desarrollan costumbres y hábitos que antes no se tenían, es donde la información y nuevo conocimiento entran como experiencia en el aprendiz, quién a través del uso, desarrolla sus dones hasta alcanzar la madurez.

"Hebreos 5:14 pero el alimento sólido es para los que han alcanzado madurez, para los que por el uso tienen los sentidos ejercitados en el discernimiento del bien y del mal".

En la mentalidad hebrea, quienes eran discípulos debían aprender todo de su maestro, su modo de hablar, modo de vestir, es decir, que no sólo aprendían su conocimiento, sino que tomaban de su esencia y eran un reflejo de su maestro. Un ejemplo de esto, es cuando *reconocieron a pedro como un discípulo de Jesús, porque hablaba semejante a ellos, Libro de Marcos, capítulo 14, vemos como es de influyente un maestro en sus discípulos, y como sus discípulos van tomando la semejanza de su maestro, en el hebreo los discípulos se dirigen a su maestro como; Moréh Rujanu, en el español esto quiere decir; Maestro espiritual, ya que el maestro los toma como discípulos porque ve que en ellos podrá plasmar parte de su esencia y del conocimiento que le tomó años aprender, esto no por una cuestión de ego, sino de mantener lo más inmutable posible lo recibido de su maestro que al mismo tiempo también recibió del maestro que lo formó y así, por esta razón un maestro intentará dejar la esencia de lo aprendido en sus discípulos, para que el día de mañana sigan dejando un legado del conocimiento que recibió el primer maestro de todos. En la tradición hebrea, los Rabinos entrevistaban a sus futuros discípulos y sólo quienes demostraran que podrían seguir con su esencia, eran aceptados como sus discípulos, ya que para un rabino era de suma importancia dejar su legado intacto de generación en generación, un buen ejemplo de esto, fue Josué, quien no siendo hijo de sangre de Moisés, fue su discípulo y siempre estuvo con él, y fue quien siguió el legado y no los hijos de sangre de Moisés, otro ejemplo de un discípulo que siguió el legado de su Maestro fue Eliseo, quién siguió como sucesor de Elías.*

Es de suma importancia que entendamos que en nuestras vidas muchos mentores y maestros serán quienes dejarán de sus enseñanzas para que nosotros las sigamos entregando a las futuras generaciones, y en lo espiritual es el Ruaj de Elohim quien nos enseña todas las cosas, es decir que él es nuestro maestro, nos guía, disciplina, enseña, educa, etc. El principio es el mismo, debemos ser capaces de recibir toda esa enseñanza y todo lo que hayamos recibido a lo largo de nuestra vida, no puede ser olvidado, hay muchas revelaciones que el Ruaj entrega y somos nosotros los encargados de dejar ese conocimiento como legado para quienes seguirán ejerciendo el ministerio, de lo contrario, no dejaremos un fundamento en donde quienes siguen después de nosotros puedan construir, y ese fundamento, que sea totalmente dado por el Ruaj HaKodesh a nuestras vidas

Otra cosa particular de un discípulo que algún día será un maestro, no sólo es cómo fue en su relación de Discípulo hacia su Maestro, sino también como fue de disciplinado personalmente en su vida íntima, en lo secreto. La palabra discípulo viene de la palabra disciplina cuya definición es;

Conjunto de reglas o normas cuyo cumplimiento de manera constante conducen a cierto resultado.

Es decir, que un buen discípulo es alguien disciplinado que cumple con las normas y reglas que su maestro le ha enseñado y ha establecido como principios y fundamentos para su crecimiento y desarrollo, llevándolas a cabo de manera constante y así dar un fruto, el fruto esperado por su Maestro, quien ha sembrado el conocimiento, información, conductas, carácter, etc. en él y las cuales deberán ser manifestadas tarde o temprano en frutos. El tiempo revelará si el discípulo lo está haciendo bien, y la disciplina principalmente se ve puesta a prueba en lo secreto.

Un Maestro siempre enseñará esperando un resultado, la mayor satisfacción de un Maestro es ver el fruto esperado en su discípulo, es por esto amado lector que si tu llamado es ser un gran Maestro, un Esdras de éstos tiempos, pero aún eres un Discípulo, te invito a ser el mejor discípulo, que reconozcas, honres, obedezcas, y seas sujeto a quién está invirtiendo, tiempo, conocimiento, estudios, sabiduría, paciencia y el aprendizaje de sus experiencias personales en ti, para que el día de mañana puedas cosechar discípulos de la misma calidad, y seas el reflejo de tu Maestro dónde quiera que vayas.

La disciplina personal genera hábitos que irán formando nuestro carácter, y el carácter es lo que reaccionará ante las adversidades, presiones, procesos y pruebas, es en esos momentos en que vemos lo que realmente somos, cuando hemos sido probados y salimos adelante con la aplicación a todo lo aprendido de forma correcta y eficiente, entonces vamos siendo aprobados, y podemos comenzar a ver que, todo el tiempo que decidimos dejar de lado nuestra propia cultura, educación, argumentos y pensamientos propios, para adoptar los principios y fundamentos del Reino a sido realmente valioso y provechoso, porque, todo esfuerzo no siempre tiene una buena recompensa, más bien, todo esfuerzo invertido en lo bueno, lo prudente, lo honesto, lo recto, lo edificante tendrá una buena recompensa. Los jóvenes que aprovechan sus fuerzas en todo lo que es conveniente para el desarrollo y crecimiento personal, espiritual, familiar, y todas las aristas de sus vidas, serán adultos con frutos integrales, plenos y sus vidas serán un vivo ejemplo de esa decisión, sin embargo, los jóvenes que han decidido simplemente divertirse en exceso, desaprovechar el tiempo, dañar sus cuerpos con sustancias dañinas y haces todo lo que no aprovecha en sus vidas, tarde o temprano verán el mal fruto de aquello.

Una de las prácticas que más problemas presenta hoy en día en las personas son aquellas que hacen en lo oculto, algunas, prácticas vergonzosas, otras destructivas, las cuales han de manifestar una consecuencia tarde o temprano, hay personas que llevan años luchando con la culpa o remordimiento en sus corazones, porque han generado un hábito que ya no pueden dejar, se enfrentan día a día a adicciones de diferentes índoles, que los están destruyendo por dentro y no saben cómo avanzar, como crecer, como obtener resultados diferentes.

Si ése es tu caso amado lector, te recomiendo que busques a alguien que haya pasado por algo similar y que ya lo ha superado, ésa persona será tu maestro o mentor en ésa área de su vida, y verás cómo podrás superar lo que por años te ha atormentado y no te ha permitido llevar una vida como lo esperas, los Esdras de éstos tiempos son los mentores que Dios ha puesto para entregar una enseñanza que haga crecer al pueblo del Eterno, durante mi vida ministerial he conocido muchas personas que anhelan crecer espiritualmente, que aman al Señor, pero que sienten que han topado techo y no pueden avanzar, y Dios me ha dado la bendición de ayudar a muchos y el ver buenos frutos es muy gratificante, pero esto es porque también, el Padre puso en mi camino a un Esdras que me ha ayudado a avanzar, a crecer, a desarrollarme, me ha inspirado a avanzar y ser mejor cada día, como antes lo he mencionado. En la vida encontraremos muchos mentores, maestros en diferentes áreas de nuestra vida, pero en mi humilde *opinión, el principal mentor que encontrarás, es aquel que te ha ayudado a crecer espiritualmente de manera integral.*

Me da un inmenso gozo cuando veo personas que vivían situaciones molestas en sus vidas, que luchaban con diferentes problemas, hábitos, vicios, etc. y que con disciplina y esfuerzo lograron cambiar, y enseñan a las personas que tuvieron el mismo problema a superarlo. Todo discípulo algún día se convertirá en un maestro, y eso de que llegue a la estatura de maestro no significa que dejará de ser discípulo, porque todos seguiremos aprendiendo, nunca dejaremos de hacerlo, porque no nos debemos conformar, ya que ser mejores cada día, es parte de la vida, para dejar un mejor comienzo del que tuvimos, a las generaciones que seguirán después de nosotros.

Capítulo 6...

···La Era de la Revelación···

La Era de la Revelación.

Hoy en día estamos viviendo una era que no tiene precedentes, las escrituras nos cuentan que la ciencia aumentará y hemos visto como las nuevas generaciones tienen una capacidad intelectual tremenda, los pequeños utilizan dispositivos sofisticados a muy temprana edad, se les hace fácil comprender conceptos maduros, entienden cosas que antes un niño no lo hacía, por ejemplo, el sarcasmo o la ironía, toman con madurez diversas situaciones que en otros tiempos, un niño colapsaría, y esto es porque la generación del último tiempo viene con una capacidad para visionar diferente como es hasta ahora, y aquí viene una de mis palabras favoritas que veremos cumplirse de manera más tangible en ésta era.

"1 Corintios 2:6 Sin embargo, hablamos sabiduría entre los que han alcanzado madurez; y sabiduría, no de este siglo, ni de los príncipes de este siglo, que perecen. 7.- Más hablamos sabiduría de Dios en misterio, la sabiduría oculta, la cual Dios predestinó antes de los siglos para nuestra gloria, 8.- la que ninguno de los príncipes de este siglo conoció; porque si la hubieran conocido, nunca habrían crucificado al Señor de gloria. 9.- Antes bien, como está escrito: Cosas

que ojo no vio, ni oído oyó, Ni han subido en corazón de hombre, Son las que Dios ha preparado para los que le aman. 10.- Pero Dios nos las reveló a nosotros por el Espíritu; porque el Espíritu todo lo escudriña, aun lo profundo de Dios. 11.- Porque ¿quién de los hombres sabe las cosas del hombre, sino el espíritu del hombre que está en él? Así tampoco nadie conoció las cosas de Dios, sino el Espíritu de Dios".

En ésta era de revelación, será en donde oiremos cosas que nunca antes se han oído, que nunca nadie predicó, pues, se nos serán revelados muchas cosas que hasta ahora aún han permanecido ocultas en las escrituras, en misterio, y esas revelaciones darán estrategias para hacer cosas que ojo no vio. Entonces es aquí donde me detengo a pensar, en todas las grandes descripciones de la manifestación del poder de Dios en su palabra, y se nos es asombroso leer tantos milagros, sanidades, prodigios, etc. que ocurrieron, y el hecho de pensar en que sucederán cosas que no se han oído ni se han visto, es absolutamente emocionante, y esta verdad provoca la necesidad de buscar aquello, porque es la señal del cumplimiento de las palabras del Padre.

"Mateo 12:35.- El hombre bueno, del buen tesoro del corazón saca buenas cosas; y el hombre malo, del mal tesoro saca malas cosas".

La Revelación de la palabra de Dios nos da sustento. Porque viene de su esencia, de su corazón, el cual se nos muestra en su palabra, la palabra de Dios es la abundancia de su corazón, porque de la abundancia del corazón habla la boca, debemos entender que aún con todos los siglos que han pasado, nadie ha llegado a la revelación y comprensión plena de las escrituras, pues en éstos últimos tiempos las revelaciones serán a nivel corporativo, es decir que se recibirán revelaciones como un rompecabezas, para que todos aprendamos a trabajar corporativamente y no más individualmente.

Es el tiempo de los presbiterios, de las redes continentales y dejar de un lado que sólo un hombre esté por encima de los demás, cuando la cabeza de la Iglesia es Cristo. La revelación es tener acceso a lo profundo del corazón de nuestro padre y cada revelación nos muestra diversas perspectivas de un mismo punto, porque cada palabra abarca, todas las dimensiones de la vida del hombre y mucho más allá de lo que él necesitará.-

Hace tiempo, cuando estaba estudiando hebreo, la primera palabra que aprendí fue "Shalom" y siempre me ha asombrado la multiforme aplicación de las palabras en hebreo, porque la palabra shalom significa muchas cosas.

שָׁלֹום *Shalom; seguro, (figurativamente) bien, feliz, amistoso; bienestar, salud, prosperidad, paz: amigo, bien, bueno, completo, dichoso, pacíficamente, pacífico, pasto delicado, paz, propicio, prosperidad, salvo, victorioso.*

Al comprender que cada palabra en hebreo abarca varias dimensiones, entendí que un solo texto tiene una multiforme aplicación para nosotros, cada área de nuestra vida está cubierta por las instrucciones de vida, que con amor el Padre nos ha dejado. Al leer sus palabras, y desde una perspectiva en la que estamos necesitando un alimento que nos nutra, que nos impulse, la necesidad de que sus palabras se hagan vida en nosotros, encontraremos una respuesta, una instrucción, un arma, un consejo, una ley, etc. entonces la palabra se hace vida, y es ahora cuando somos aquellos hacedores de su escritura.

Una palabra de Dios, tiene el poder de cubrir cada área de nuestra vida, en 360 grados, es decir que es un sustento completamente integral y sostenible para nuestras vidas.

Debemos tener la capacidad espiritual de aceptar las verdades de Dios, sus revelaciones, sus instrucciones y desechar el pensamiento de hombre natural, el pensamiento cultural y legalista, y aún aquellos más difíciles de quitar, que son los que la tradición o costumbre nos ha implantado desde que tenemos uso de razón, tradiciones que se han infiltrado en la sociedad como bíblicas y que no tiene respaldo alguno. Cuando vamos recibiendo revelación, cada una de las palabras que han de alumbrar los ojos de nuestro entendimiento llega para derribar un argumento, altivez o para destruir fortaleza mental que estaba estancando nuestro avance en el reino de los cielos.

"Efesios 1:18 Yo oro que Él les dé luz a los ojos de sus corazones, para que entiendan la esperanza a la cual los ha llamado; cuáles son Sus riquezas en Gloria que hay en la herencia que Él ha prometido a Su pueblo; 19.- y qué supereminente grandioso es Su poder obrando en nosotros, los que confiamos en El. Actúa con la misma fuerza poderosa que El usó 20.- cuando levantó a Yeshúa de los muertos y lo sentó a Su mano derecha en el cielo, 21.- por encima de todo gobernador, autoridad, poder, dominio o cualquier otro nombre que se pueda mencionar en el olam hazeh (Siglo presente) o en el olam Habah (Siglo venidero). 22.- También Él ha puesto todas las cosas bajo sus pies ° y se hizo la cabeza sobre todas las cosas para la Asamblea Mesiánica, 23.- que es Su cuerpo, la expresión máxima de Él, quién llena toda la creación".

****El* significado más común que podemos encontrar sobre revelación, es descubrir los misterios que estaban ocultos. ***

Viene del hebreo Galá: que significa; Desnudar (en Génesis dice que Adán y Eva estaban ambos desnudos y no se avergonzaban, no avergonzarse en hebreo es Bush y quiere decir no guardar secretos) Es decir que somos nosotros quienes debemos presentarnos primeramente al Padre y desnudar nuestras vidas, pensamientos, el alma, el corazón, los anhelos y todo lo que somos, para que él comience a obrar en nuestra vida, su revelación vendrá cuando le expongamos lo que somos y pidamos su ayuda y que nos transforme, y él nos responderá con sus revelaciones porque una revelación provee a la necesidad que tenemos, así mismo, si servimos en el ministerio, podemos presentarle a él, toda dificultad y problema, toda situación y él, con su amor eterno, nos ayudará, nos dará las revelaciones y comenzaremos a ver la salida que no veíamos anteriormente. Cuando Abraham fue a ofrecer a Isaac en sacrificio por obediencia a lo que YHWH le había pedido, dijo en un momento, Elohim se proveerá así mismo de un cordero, y cuando él ya alza su mano para sacrificar a su hijo, Elohim lo detiene porque ahora sabe que Abraham le teme, y automáticamente le da la revelación a Abraham que al levantar los ojos vería un carnero para ofrecerlo en sacrificio en lugar de su hijo Isaac. Abraham entendió que Elohim se proveería de un cordero en referencia a Yeshúa su propio hijo, pero el sacrificio que reemplazó a Isaac no fue un cordero, sino un carnero, y el Padre le dio una salida con provisión a través de su revelación. No se sabe cuánto tiempo llevaba el carnero ahí, pero después que las palabras de Elohim llegaron a Abraham, entonces recibió la revelación y vio al carnero para sacrificarlo.

Todo aquello que no ha sido revelado a nuestras vidas, mientras no lo veamos, no lo sepamos, no lo conozcamos, es un misterio, está oculto a nuestros ojos espirituales, hay verdades que podemos pasar por alto mientras no sean reveladas a nuestro corazón, porque los ojos de nuestro corazón deben ser abiertos.

Revelación es comprender las escrituras con la mente de Mashiaj, dicen las escrituras que nuestra mente es un espíritu "Efesios 4:23 y renovaos en el espíritu de vuestra mente", Y el tener la mente de Mashiaj es tener su Ruaj, por lo que podemos comprender las escrituras plenamente, recibir la esencia de lo escrito, profundizar y descubrir lo oculto,

No podemos recibir revelación sin el que nos da acceso a la revelación. Antes de cualquier inicio en buscar profundidad, lo primero es la intimidad con

Yeshúa, él es quién nos da acceso a todo, buscarlo a él por amor, desinteresadamente es el primero de los pasos, el ser humano generalmente busca ser independiente, pero cuando andamos en el espíritu entendemos que nunca podremos dejar de depender de Yeshúa, porque lo necesitamos, porque le amamos y somos atraídos a estar con él, porque ese es nuestro diseño original, cuando hemos experimentado su presencia, sus palabras, su amor, sus abrazos, lo extrañaremos y cada vez que sintamos que está lejos, aunque nunca lo está, pero nuestra ajetreada vida a veces nos "desconecta" o desenfoca de él, pero debemos lo más pronto posible volver a enfocar nuestra mirada en él, bien lo decía el Apóstol Pablo; "Puestos los ojos en Yeshúa, autor y consumador de la Emunáh". Porque recibir revelación es estar en sintonía con él, pues él es la palabra hecha carne, es la revelación del Padre, es en quién está todo hecho y creado, todo lleva su esencia, por eso cuando contemplamos la creación, sentimos algo inmenso, vemos lo hermosa que es, porque lleva de su esencia, así como un diseñador pone toda su inspiración y dedicación en sus diseños, como el pintor deja reflejada toda su imaginación y creatividad en el lienzo, o el músico deja todo los sonidos interpretados en notas acordes y ritmos compuestos en una pieza única, sentimos y percibimos su esencia, lo que sentía, sus emociones y pensamientos, así mismo podemos percibir la magnificencia del creador, observando lo que ha creado, y si nos parece majestuosa toda la creación, cuánto más el creador, todo obedece a un diseño inteligente, así también son las escrituras, cada parte está ahí por algo, y cuando encontramos ese algo, entonces hallamos la puerta a la revelación. Cuando caminamos en la dimensión de la revelación, sabemos que en todo momento el amado va junto a nosotros, nos guía, nos hace un verdadero paseo turístico por sus palabras, por la historia de su pueblo, lleno de milagros, hazañas, conquistas y sobre todo, lleno de su amor y la mayor manifestación del amor del Padre, con el amado vivimos la mejor de las aventuras que se podrían expresar, la mayor de las vivencias que se pueden contar y todo eso es dado a quienes le aman, por eso amado lector, si quieres tener revelación de la palabra, dile al amado, ven Señor y guíame, heme aquí, quiero vivir ésta aventura contigo.

Cuando hemos vivido el amor del Padre, tenemos tantos testimonios que contar, desde que lo conocimos hasta ahora, contamos esas historias tal y como alguien cuenta la historia de amor que vivió con su esposa, por ejemplo, a mí me gusta contar la historia de amor junto a mi amada esposa, cada vez que se da la oportunidad lo hago y es inevitable que corran las lágrimas, por todas las vivencias y principalmente por el inmenso amor que está siempre latiendo en mi corazón por ella, así mismo cuando cuento cada vivencia junto al amado, el corazón comienza a saltar en el pecho, y se siente su presencia ahí, porque él nos anhela celosamente, y es tan triste escuchar a personas que creen que han conocido al amado, pero sólo han experimentado una religión, a veces conceptos errados, costumbres y tradiciones de hombres, han seguido ésas instrucciones y al no estar el amado Yeshúa presente, se desilusionan, son dañados, son utilizados, etc. pero claramente, cuando alguien ha vivido una situación de desilusión en alguna iglesia o institución religiosa, en donde sólo se hace lo que un hombre dice y al ser hombre está lleno de defectos, y TODOS los seres humanos los tenemos, a veces se cierra a la idea de intentar de nuevo ir a otra iglesia para conocer a Dios, pero amigo o amiga, sólo ten fe, busca a Jesús con todo tu corazón, él enviará al Ruaj, para guiarte, te garantizo que Jesús, el amado, nunca te fallará, nunca te hará daño, al contrario, somos los hombres los que le fallamos, los que nos alejamos, cuando conozcas a el amado, conocerás la verdadera plenitud y felicidad de estar con alguien en quien puedes confiarle tu vida, porque con él siempre estarás seguro.

Algunas personas han enseñado a otros a conocer a un Mashiaj que ni ellos mismos han conocido en una relación personal, sino hasta el superficial límite de la información de él, en algunos es simplemente porque no lo han buscado más allá, otros por orgullo, ese orgullo que se preocupa tanto de llenarse de información, conceptos, estudios, métodos, que se han vuelto duros de corazón, insensibles al Ruaj, terminando con la mente embotada y con el corazón endurecido, sin embargo es cuestión de convertirse de corazón, hacerse ignorantes, es decir, reconocer que el intelecto humano es limítrofe, que las cuestiones del espíritu sólo son revelados por el Ruaj HaKodesh a nuestra mente.

"2 Corintios 3:14.- Pero el entendimiento de ellos se embotó; porque hasta el día de hoy, cuando leen el antiguo pacto, les queda el mismo velo no descubierto, el cual por Cristo es quitado. 15.- Y aun hasta el día de hoy, cuando se lee a Moisés, el velo está puesto sobre el corazón de ellos. 16.- Pero cuando se conviertan al Señor, el velo se quitará. 17.- Porque el Señor es el Espíritu; y donde está el Espíritu del Señor, allí hay libertad. 18.- Por tanto, nosotros todos, mirando a cara descubierta como en un espejo la gloria del Señor, somos transformados de gloria en gloria en la misma imagen, como por el Espíritu del Señor".

Quién ha traído el espíritu de revelación es el señor Yeshúa, ya que el quitó el velo, pero no sólo lo quito, dice la palabra que lo rasgó, esto quiere decir que cada velo quitado, nunca puede volver a ser puesto, la *única manera que vuelva a cubrir los corazones es que sea cosido y eso lo hará la misma persona volviendo atrás, o escuchando otras voces que no son las del Espíritu Santo, terminando por la carne, desaprovechando y descuidando algo tan valioso como una comunión íntima con el Padre.*

La revelación es un espíritu que trabaja en conjunto con la sabiduría y el entendimiento, el conocimiento revelado, nos va haciendo progresar, porque cada revelación que recibimos queda en nuestro espíritu, es como un depósito en donde van quedando esas revelaciones y las podemos enseñar cada vez que queramos, pues ya han cambiado algo en nuestras vidas que nunca más volverá a ser igual que antes, no es lo mismo entender una revelación que otro predicó, a recibir directamente una revelación del Padre.

"Efesios 1:17.- para que el Dios de nuestro Señor Jesucristo, el Padre de gloria, os dé espíritu de sabiduría y de revelación en el conocimiento de él, 18.- alumbrando los ojos de vuestro entendimiento, para que sepáis cuál es la esperanza a que él os ha llamado, y cuáles las riquezas de la gloria de su herencia en los santos ".

La revelación viene por causa de la fe, cuando tenemos fe, tenemos acceso a un nuevo mundo, una nueva dimensión, a un lugar que no conocíamos, hasta que se nos ha revelado, y viene por causa de la fe, porque la fe viene por el oír la palabra de Dios, la revelación nos da a conocer el plano sobrenatural al que ingresamos con la fe, cosas que ojo no vio, cosas que oído no oyó, por eso la Era de la Revelación, será el tiempo de los moveres inusuales, de cosas que nunca se han visto y esto provocará que muchos las critiquen, así como cuando el Ruaj de Elohim descendió sobre los Apóstoles en aposento alto, y la gente que no estaba en sintonía con lo espiritual, comenzó a criticar diciendo que aquellos que fueron llenos del Ruaj, estaban ebrios, sin embargo, el sermón del Apóstol Pedro, les impartió una poderosa revelación del tiempo en el que se encontraban en cuanto a las profecías, y fue tal el nivel de revelación impartida, que tres mil hombres se convirtieron aquel día, esto nos muestra que Pedro es quién entregaba la revelación, puesto que él mismo fue quien recibió la revelación que Yeshúa testificó diciendo; no te lo ha revelado ni carne ni sangre, y ésta es una tremenda verdad; La carne y la sangre también entregan revelación, es decir que hay muchos hoy en día que están impartiendo revelaciones carnales o de su propia fuente, y estas revelaciones han provocado gran cantidad de confusión. Por ésta razón es necesario que seamos honestos al saber la fuente de nuestra revelación, una revelación no es para impresionar, sino para transformar, vidas, una revelación puede convertir a miles e impulsarlos a confesar a Yeshúa como su Señor.

Hay dos tipos de conocimiento.

1.- conocimiento natural y carnal

Cuando conocemos aspectos, características, personalidades y señales de Dios, a través de experiencias, encuentros y revelaciones de otros, pero no estamos en el espíritu ni en sintonía con el cielo, y hemos preferido no buscar personalmente, conformándonos y dejando de renovarnos, el velo que había, se pone más grueso.

2.- conocimiento revelado.

Cuando estamos sintonizados con el cielo, y buscamos ser transformados, tener la mente de Mashiaj, cada aspecto, característica, personalidad y señal de Dios que se nos revela, nos transforma y nos vuelve más como Yeshúa.

Entonces: Todas las cosas que anhelamos y queremos obtener en lo sobrenatural y que aún no podemos ejercer, es porque no se nos ha revelado. El Motor de la revelación es la Fe, el motor de la Fe es el Amor, el motor del amor es el Padre y quién nos llena de ese amor es Yeshúa y quién nos lleva a Yeshúa es el Ruaj HaKodesh.

En el edén Adán no andaba por vista, sino por fe, el caminaba en la libertad de la revelación. Cuando el hombre pecó, fueron abiertos sus ojos Naturales y se cerraron sus ojos espirituales, por lo que dejó de andar por revelación y comenzó a andar de forma literal y natural. Pero cristo vino a deshacer las obras del diablo, por lo que nos trajo el espíritu de revelación. Es por esto que debemos renovar nuestra mente, y anhelar tener la mente de Mashiaj.

La revelación viene para transformarnos y así enfocarnos en nuestro llamado y propósito, cuando recibimos una revelación nuestra perspectiva y visión de las cosas cambia, algo se activa, algo sucede, pero algo será transformado sí o sí.

2.- La revelación viene para liberarnos.

3.- La revelación viene para que edifiquemos a otros en el espíritu y aquellos hagan lo mismo.

4.- La revelación viene para derribar argumentos, fortalezas y altiveces.

La manera que el espíritu Santo tiene de enseñarnos es a través de la Unción, porque la unción nos capacita, nos orienta, nos hace efectivos y nos enseña todas las cosas. Una de las definiciones de Unción es; estar conectado a la fuente, y es así, la unción nos conecta con quien la concede, y es el mismo Padre quien nos concede esa unción que estará perfectamente relacionada con el ministerio que ejercemos para gloria del Padre. La gente no prospera ni percibe riquezas porque sólo han recibido la revelación de Riquezas que viene de Egipto, del espíritu de Egipto. Y aún no han tenido la revelación de cómo obtener Riquezas que vienen del reino y es que Egipto dice que las riquezas y recursos vienen por trabajar, mientras más duro trabajamos, más recursos tenemos mientras que El reino dice que las riquezas y recursos vienen por obedecer las palabras del Abba.

"Jeremías 33:3 Clama a mí, y yo te responderé, y te enseñaré cosas grandes y ocultas que tú no conoces".

La revelación es una Respuesta a preguntas que hacemos constantemente a Dios, si estamos preguntando es porque no sabemos y si no sabemos algo, el Padre nos educa, entonces, mientras más preguntamos, más respuestas recibimos y más conocimiento revelado llega a nuestras vidas.

Debemos buscar el renovar nuestra Mente, porque eso nos permitirá comprender las verdades bíblicas y evitará que estemos o permanezcamos influenciados por el sistema, la cultura, las costumbres y tradiciones. En el hebreo la mente es descrita con la palabra Kiliab, y lo interesante de su definición es que la mente no está en la cabeza como podríamos suponer, ya que muchos lo asocian con el cerebro, más bien la mente está en nuestro interior, nuestro vientre, la mente está en el centro de nuestro ser en lo más profundo o el centro de nuestro ser. La palabra Kiliab tiene cerca de 5 definiciones que podemos encontrar y éstas son relacionadas a que se encuentra en nuestro interior; 1.- riñon. 2.-entraña. 3.-centro. 4.-interior. 5.- Corazón. Como podemos ver éstas definiciones se refieren a la parte más profunda de nuestro ser, lo más íntimo, lo más oculto. Dios no nos revelará lo oculto de él, si nosotros no le confiamos lo más oculto de nuestro ser, es lógico pensar que él no nos revele lo oculto de él, sin embargo cuando nos entregamos a la voluntad de Dios, y lo hacemos de corazón, vemos que no hay tesoro más preciado, ni privilegio más grande que el tener un pequeño acceso a algo tan valioso de nuestro Padre creador.

Quiero invitarte a que puedas buscar a Dios con un corazón sincero, entregado, contrito, humillado con hambre y sed de él, la expectativa que genera nuestra búsqueda nos lleva a acceder a esas dimensiones del conocimiento revelado de Dios, todo comienza con dar el primer paso en aprender, eso te lleva al siguiente paso, y al siguiente, hasta que podrás entrar a las profundidades del conocimiento de Dios, en su presencia.

Amado lector, te quiero invitar a considerar cuando vas guiado por el Padre, y van caminando e ingresando a las profundidades de su presencia y su conocimiento.

Ezequiel 47:3 Y salió el varón hacia el oriente, llevando un cordel en su mano; y midió mil codos, y me hizo pasar por las aguas hasta los tobillos. 4.- Midió otros mil, y me hizo pasar por las aguas hasta las rodillas. Midió luego otros mil, y me hizo pasar por las aguas hasta los lomos. 5.- Midió otros mil, y era ya un río que yo no podía pasar, porque las aguas habían crecido de manera que el río no se podía pasar sino a nado.

Cuando pasas las aguas a los tobillos, es cuando estas experimentando en tu caminar en Mashiaj, lo que es sentir su presencia, las primeras adoraciones en que él te quebranta, te transforma, te limpia, te santifica, etc. si te puedes imaginar caminando en la orilla de un río, con el agua sólo hasta los tobillos, si comienzas a moverte a correr, a saltar, sólo vas a salpicar de ésa agua, el impacto del señor en tu vida, provoca eso en quienes te rodean, en tu entorno, en tu vida cotidiana, provocas salpicaduras de su presencia, aunque te muevas, aunque saltes, aunque corras, no habrá más impacto que ese, Sin embargo, cuando estás en la presencia hasta las rodillas, para correr, vas a crear ondas de influencia de su presencia a una amplia esfera a tu alrededor, seguirás salpicando, aún más allá, incluso puedes mojar completamente a quienes estén más cerca de ti, y todo movimiento que hagas en la presencia, sí o sí producirá ondas, impactará en algo o alguien a tu alrededor, es cuando una persona comienza a orar y provoca algo no sólo en su propia vida, sino en todo aquel que está en su entorno. Después cuando la presencia de Dios está a la altura de los lomos, aquí el impacto es mayor, en los lomos se encuentran las generaciones, "Hebreos 7:9 Y por decirlo así, en Abraham pagó el diezmo también Leví, que recibe los diezmos; 10.- porque aún estaba en los lomos de su padre cuando Melquisedec le salió al encuentro". Entonces todo lo que haces en la presencia de Dios, a éste nivel de profundidad, de intimidad, de comunión, ya no sólo impactas a quienes te rodean sino a sus generaciones, es impactante ver los frutos en tu propia vida, en la vida de quienes te rodean, cuando has dejado que el Ruaj HaKodesh te inunde, te llene, y te direccione, verás que el Padre usará tu vida para bendición de generaciones, y finalmente la profundidad en que sólo puedes moverte nadando, es cuando estás totalmente sumergido y la Gloria de Dios se manifiesta poderosamente, en ésa profundidad, ya no vives tú, sino es Yeshúa mismo quien lleva las riendas de tu vida, es él quien hace todo a través de ti y tu eres su instrumento, has dejado todo por él, has decidido morir, para que él viva.

 CAPÍTULO 7...

···Destruyendo
Fortalezas···

DESTRUYENDO FORTALEZAS.

La Palabra de Dios nos enseña acerca de una realidad espiritual, concerniente a la Guerra, y aunque como Hijos de Dios somos llamados a ser pacificadores, esto es para con las personas, pero somos llamados a ser verdaderos guerreros, feroces, fuertes, esforzados y valientes en contra de las tinieblas, las escrituras nos enseñan que tenemos una lucha, y es que es una realidad permanente hasta el día que venga Adonai.

Las escrituras nos enseñan que tenemos un armamento poderoso, para destrucción de fortalezas, y es aquí donde quiero detenerme a hablar de ciertas fortalezas espirituales que, para el propósito de éste libro son las que voy a profundizar, hay mucho más de lo que he escrito, mucho más, sin embargo me he limitado a la revelación que el Ruaj me ha provisto y dedicarme de lleno a enseñar lo que se me ha enseñado, ya que se podría escribir muchos libros referentes a cada fortaleza que voy a señalar.

2 Corintios 10:4 porque las armas de nuestra milicia no son carnales, sino poderosas en Dios para la destrucción de fortalezas, 5.- derribando argumentos y toda altivez que se levanta contra el conocimiento de

Dios, y llevando cautivo todo pensamiento a la obediencia a Cristo,

Entonces, como podemos evidenciar, las escrituras nos enseñan que las armas que tenemos son poderosas para destruir fortalezas, pero, cuáles son esas fortalezas.

Una fortaleza mental desde el concepto espiritual, es todo aquello que se ha levantado por medio de fundamentos, argumentos, doctrinas y una serie de aprendizaje, como un verdadero castillo, en la mente de una persona, al decir fortaleza, no estamos hablando de la fuerza mental, o poder mental, refiriéndose a alguien de mente fuerte o firme, sino que nos referimos al concepto espiritual que alguien ha creído una mentira, la ha adoptado, la ha aceptado, y alrededor de esa mentira, ha edificado un fuerte, muros, un verdadero castillo, muchas de las personas que hoy en día tienen fortalezas mentales, al interior de ellas, en el centro, muy adentro en el núcleo, está establecida la mentira, falsedad, error, falsa doctrina, etc. las fortalezas mentales es todo aquello que resguarda, los argumentos y fundamento erróneo, con un gran respaldo cultural, de costumbre o hábitos, que las personas han aceptado en su identidad, desde que tienen uso de razón.

Las fortalezas mentales sólo son destruidas a través de las verdades bíblicas, a través de la verdad, la palabra hecha carne que es Yeshúa ha Mashiaj. Nuestro Señor es quién destruye éstas fortalezas, a través de sus verdades, por eso la palabra misma dice; y conoceréis la verdad, y la verdad os hará libres.

Para destruir una fortaleza, debemos quitar la razón de esa fortaleza, el propósito del porqué está ahí, es decir que una fortaleza se levantó para proteger algo, y ese algo es lo que se debe desarraigar. En este libro he encontrado algunas de las más comunes causas por la cual las personas han desarrollado fortalezas, y por esta misma razón las personas no han podido recibir la verdad del Reino de los cielos y las revelaciones que el Espíritu Santo tiene para ellos.

1.- Costumbre.

La costumbre es un hábito o tendencia adquirida por la práctica frecuente de un acto, es decir que las personas comienzan a practicar un acto cualquiera, generalmente delegado de generación en generación, por ejemplo, en la minería donde trabajo, desconozco si es parte de las costumbres propias de la zona, o sólo se da en los campamentos mineros, se estila que, cuando alguien pide el salero a una persona que está en la misma mesa, aquel no le entrega el salero en la mano, sino que lo deja en la mesa, cuando pregunté la razón por la que hacía esto, me dijo, que no quiere tener problemas conmigo, me sorprendí, porque, qué relación hay en que me pase la sal en la mano, con que tuviéramos problemas o se generara una discusión entre ambos, pero vi este mismo caso en muchas personas, en diferentes faenas mineras, entonces identifiqué una costumbre, es una práctica que se fue dando por generaciones, estos mineros ni siquiera saben cuándo comenzó a decirse ésta superstición, pero vieron a sus abuelos y padres hacerlo, y también lo hacen, lo fuerte de esto y nótese que es un ejemplo de algo muy inofensivo, pero lo fuerte es que si le pedía a esa persona que me pasara la sal en mi mano, no lo haría, es como si estuviera bloqueado para hacerlo, prefería dejar la sal en la mesa y retirarse, pero no entregarla en la mano. Éste ejemplo se aplica a muchas otras costumbres, que como miembros de una sociedad que vive lleno de costumbres, no sabemos por qué hacemos muchas de esas cosas, y si vamos más a lo profundo, cuánto de esas costumbres, están impidiendo que el Reino de los Cielos se nos sea revelado en plenitud.

Una manera de ser libres de esto, es simplemente preguntándonos, por qué lo hacemos, ¿por qué soplamos velas puestas en una torta, cuando estamos de cumpleaños? por ejemplo, hace un par de semanas nos sentamos junto a mi esposa a reflexionar respecto a muchas cosas que hacemos, pero que en realidad la única respuesta que venía a nosotros es que, es una costumbre, se practica y practica, por años, después se vuelve un hábito hasta hacerse una costumbre, un ejemplo también es; aquel hombre salía y revisa su buzón todos los días a las 9 am. Como de costumbre, lo curioso es que hay ciertas maneras de pensar que las personas adquieren y que se vuelve una costumbre pensar así, y esto va a depender de cada cultura o educación, pero es así en general, ahora, hay personas que cuando pasan por fuera de una iglesia católica, se persignan, aunque no aparezca nada de eso en la biblia, ni siquiera el acto de persignarse, hay personas que al soplar las velas en su cumpleaños, piden un deseo, muerden la torta, se ponen un calzón amarillo en año nuevo, saltan la ventana con maletas para poder viajar en el año entrante, etc.

Hay costumbres que tienen su origen en el ocultismo, ya sea brujería, o adivinación, muchas de las costumbres que la gente tiene hoy en día, como poner detrás de una puerta una cruz pequeña de madera, con un hilo rojo atado, en señal de protección, tiene su origen en el ocultismo, el usar una pulsera roja, poner una rama de olivo en la puerta, una herradura, y no es que quiera decirte a través de éste libro que todo lo que hagas está mal, sino que es una invitación a que puedas preguntarte de vez en cuando, cuánto de lo que haces sabes por qué *lo haces, cuál es su origen y si a Jesús le agrada que lo hagas, pon en oración alguna de las costumbres que tengas y deja que el Espíritu Santo te direccione a seguir la voluntad del Padre.*

Hace un tiempo atrás, estaba trabajando en una faena minera, y me debía quedar a dormir en el campamento minero, pues resulta que mi compañero de habitación, un día estaba un poco triste, le estaban ocurriendo algunas cosas en su casa, algunos animales que tenía se le estaban muriendo y a su esposa le había aparecido una alergia cuyo origen no tenía explicación, pusimos esto en oración y el Espíritu Santo reveló que a su esposa le habían regalado una pulsera que la iba a "proteger" pero que en realidad era la causa de la alergia, cuando ella se quitó la pulsera, fue sana de aquella alergia. Qué maravilloso es Dios, que nos puede sanar y proteger. Sólo Cristo es la mayor protección que necesitamos

2.-Tradición.

La tradición es muy similar al concepto de la costumbre, pero ésta abarca un territorio geográfico amplio generalmente a una localidad y sus habitantes, la tradición impacta las pautas de convivencia de una comunidad, puede incluso impactar leyes, establecer días feriados, por lo tanto se establece a través de festividades, prácticas que tienen un impacto sociocultural, que es practicado de generación en generación, por ejemplo, la navidad, se celebra cada año, de generación en generación, la gente por alguna razón ha relacionado un árbol, que pareciera ser el centro de los adornos de la casa, con el nacimiento de Jesús, con adornos en forma de pelotas, venados, galletas de jengibre, pavo, un anciano que tiene diversos nombres según la localidad y la entrega de regalos, además que los colores asociados a entidades comerciales, y toda una fiesta colorida, atractiva que causa un roce en lo emotivo y solidario, para que las personas se arraiguen con fuerza a una tradición navideña, así muchas fiestas, muchos bailes religiosos, costumbres que, en algunos lugares, son muy fuertes, chocantes incluso, pero amigo y amiga que estás leyendo, no quiero decirte que esto y aquello es malo, que es pecado, aquí o allá, sino que puedas preguntarte si quizás, sólo si quizás, tener éstos argumentos, conceptos, costumbres y tradiciones, están afectando de alguna manera tu percepción del Reino de los Cielos.

Hay una verdad hermosa en las escrituras que dice, que nuestra ciudadanía es del Reino de los Cielos, y me pregunto a veces, qué tradiciones y costumbres tendrán en el Cielo.

También suelo preguntar a las personas a quienes les enseño de la Palabra de Dios, cuando ellos están comenzando su búsqueda de una relación con Jesús, antes de comenzar, les pregunto; Cuánto de lo que sabes de Jesús, lo has aprendido de la Biblia y cuánto lo has descubierto en las escrituras, en la experiencia, en la oración, etc. porque la cultura muchas veces nos presenta a un tipo de Jesús, que en algunos casos dista mucho de quién es Jesús realmente. Y nos guste o no, a veces los conceptos que tenemos nos terminarán alejando de las revelaciones del Reino de los Cielos, simple y llanamente, porque no estamos dispuestos a morir en esas áreas.

Las verdades del Reino son aquellas que están en la palabra de Dios, y que podemos aplicar hoy en día en nuestras vidas, direccionados por el Espíritu Santo, Jesús está interesado que aprendamos más de él, que seamos partícipes de su naturaleza divina, es decir, que participemos del Reino de los Cielos, más allá de la simple teoría, sino que podamos experimentar lo que la Biblia dice.

*H*ace un año aproximadamente, venía saliendo de un hermoso tiempo de ayuno, y esa semana iba a predicar en la iglesia, y cuando estaba por comenzar a predicar el mensaje, la voz del Espíritu me decía, ora por ella, y miré y vi a una hermana que es miembro de la congregación, entonces en mi mente estaba por otra parte el protocolo que me impulsaba a predicar, porque según el protocolo, primero es la prédica y después el orar por los hermanos y quienes están enfermos y así, pero el Espíritu me decía para el mensaje y ora por ella, y bueno, lo que pasa es que se nos olvida a veces que Dios tiene diferentes formas de predicar, de entregar un mensaje y de hacer algo, él es soberano y hace como quiere, fue entonces que decidí dejar de lado el protocolo, y fui en obediencia a orar por la hermana, y pues resulta que la hermana, tenía su espalda con escoliosis y una pierna unos centímetros más corta, entonces comencé a orar según el Espíritu Santo me guiaba, y su pierna comenzó a crecer y a emparejarse a la medida de la otra pierna, posteriormente la hermana fue libre y a mi alrededor el poder de Dios cayó y varios comenzaron a recibir liberación y fue un momento hermoso y poderoso, en la presencia del Señor, y que por cierto, si hubiera elegido el protocolo, quizás nada hubiera ocurrido, hasta *el día de hoy , siempre estoy orando al Señor que me permita aceptar su voluntad en mi vida, y que desarraigue de mí, todo argumento, altivez, costumbre, tradición y destruya toda fortaleza, que me impida recibir su revelación, y por ser obediente a su voz y orar cuando él me lo dice, en momentos quizás inusuales, fuera de todo contexto, él ha respaldado, y hasta hora tenemos muchos testimonios de personas que han sanado de sus huesos, de sus caderas, piernas han crecido, la tendinitis se ha sanado, dolores de espalda, cáncer ha sanado, muchos mineros han sido liberados y continuamos en eso.*

Otra área que muchas veces se resiste a recibir revelaciones del Reino es la cultura misma, yo diría que es una de las más fuertes de desarraigar, porque las personas a veces son lo que son por la cultura que llevan, un metalero, por ejemplo, ha decidido segur una cultura, y todo en su mundo gira en torno a aquello, se viste de un amanera, escucha la música de esa cultura, habla e incluso su manera de pensar es transformada por aquella cultura, y es impresionante, como las personas son totalmente transformadas en todo lo que son, personalmente puedo dar mi propio testimonio, ya que en mi adolescencia y parte de mi juventud, fui metalero, la verdad es que todo mi mundo giraba en torno a aquello, comienza uno a escuchar de los mayores, aquellos que llevan más tiempo y que son a quienes tomamos por ejemplo, y por consecuencia comienza uno a ser literalmente adiestrado, porque escucha decir, un metalero es así, se viste de esta manera, esto y lo otro, y mientras más tiempo pasas con las personas, mientras con más personas te relacionas más te haces una idea de lo que es un metalero, comienzas a aceptar en tu vida esa identidad, la vuelves una cultura en ti, porque traspasa más allá que solo una vestimenta o el escuchar música, sino en tu modo de hablar, expresarte, en tus hábitos, pensamiento, etc. Hoy en día esto es igual, pero lo más peligroso que puedo ver, es quienes tienen una cultura de evangélicos, o cristianos o católicos, ponga usted el nombre de denominación que quiera, y que han sido culturizados, por una cultura que en algunos casos, está reemplazando la cultura del Reino de Dios, por una pseudocultura alternativa. Me llama poderosamente la atención, cuando veo que algunas denominaciones usan la misma versión o traducción de la biblia y piensan tan diferente, me pregunto en esos casos, ¿supuestamente tienen al mismo Dios? cómo es que piensan tan diferente, y la respuesta que he podido recibir del Espíritu Santo es la siguiente;

"Algunos no me conocen, no porque no han querido conocerme, sino porque sus líderes tampoco me conocen y no saben cómo guiarlos a mí, otros no leen sus biblias, esas biblias grandes y hermosas que llevan bajo

el brazo, que las pasean de aquí para allá pero que en realidad es de apariencia, un accesorio a su vestimenta y apariencia de buen Cristiano".

Fue entonces cuando comprendí que gran responsabilidad de que la Iglesia esté así, es por causa de los líderes que se han levantado sin siquiera haber primero conocido al Espíritu Santo, y es entonces cuando me pregunto, si realmente han sido honestos en el llamado que llevan, si algunos realmente se dan cuenta que lo que han formado es un club social y no una congregación, es triste escuchar a personas que llevan años de "evangélicos" y no conocían la presencia del Espíritu Santo, más terrible aún, cuando hay personas que en sus denominaciones, ni siquiera les enseñan acerca del Espíritu Santo.

Escuché hace un tiempo a alguien que decía que el Espíritu Santo era solo un viento, y me pregunto, si aquella persona se ha dedicado a leer la palabra de Dios. ¿Qué nos pasa amados? si decimos ser hijos de Dios, ¿somos realmente consecuentes con eso? si pasamos un día entero sin orar, y si no oramos, mucho menos leer la biblia, pensar en ayunar estaría mucho más lejos, etc. pero la soberbia y el orgullo a la hora de debatir en cuanto a doctrinas, ¿es algo que si estamos dispuesto a hacer?

Te invito amado o amada que lees éste libro a que puedas detenerte un poco a pensar, lo que te escribo no es para juzgar ni criticar a nadie, simplemente es para exhortar y pedir que te examines por un momento, verdad que si somos hijos de Dios, ¿deberíamos por lo menos, leer la biblia completa un par de veces al año? entonces no entiendo cuando digo que he leído once veces la palabra desde el génesis al apocalipsis , la gente me mira con una expresión que sus ojos me gritan, fanático, pero se trata de ser honestos, si digo ser hijo de Dios, pero no paso horas en su presencia al día, no paso orando, ni adorando, entonces, ¿qué clase de hijo de Dios soy?, cuando era metalero, pasaba todo el día en ello, tocaba guitarra varias horas al día, estudiaba acerca de las bandas que me gustaban, sus biografías, asistía a los conciertos, compraba discos, etc. porqué debería ser diferente hoy en día?

Si has comprendido que es necesario culturizarnos y aceptar la cultura del Reino, entonces te invito a hacer ésta oración.

Padre Celestial, hoy me doy cuenta que estaba en un error, y te pido perdón por mi hipocresía, por haber sido alguien que se preocupaba por tener una buena apariencia de hijo de Dios, pero que en realidad, no estaba siendo honesto, desde hoy te pido Espíritu Santo que me enseñes, a cultivar una relación contigo, a conocerte, guíame, edúcame, a ser un verdadero y legítimo hijo de Dios, hoy rechazo de mi vida, todo argumento, altives, costumbre, tradición y doctrina, que me aleje de tí y que me impidan ver las verdades del Reino, y te pido que alumbres los ojos de mi corazón para recibir las revelaciones de tu Palabra. Amén.

CAPÍTULO 8...

···Estableciendo la Verdad···

Estableciendo la verdad

Una de las principales funciones de un Esdras es la de establecer y restaurar, sin embargo para poder establecer algo, es necesario arrancar lo que ya está establecido, hace mucho tiempo atrás acompañé a un amigo a hacer un trabajo, fui como su ayudantes aunque más que ayudante, era un aprendiz, porque no sabía nada del trabajo que se iba a realizar, mi amigo tenía que reparar un piso, entonces me dijo que comenzara a romper el piso viejo que ya estaba, entonces yo comencé a romper las cerámicas una por una, me fijé que las cerámicas nuevas eran iguales a las que ya estábamos reparando, entonces se me ocurrió que, mientras mi amigo volvía de la compra de materiales, iba a romper solamente las que estaban defectuosas o trisadas, y pensé, mi amigo me va a felicitar porque incluso se ahorrará cerámicas, sin embargo, cuando mi amigo volvió de comprar materiales, solo me miró y sonrió, entonces me di cuenta que no fue muy buena idea lo que había hecho, además que había perdido tiempo, entonces mi amigo me dijo, es necesario romperlas todas, porque todo ese piso está mal puesto, si te das cuenta, me dijo, hay algunas cerámicas que se ven impecables pero están mal pegadas, con muchos espacios huecos internos, que eso provocará que a futuro las cerámicas se sigan rompiendo, porque si el trabajo no se hace bien desde el inicio, todo estará mal después, entonces cuando comencé a romper las demás cerámicas que estaban en el piso, esas que se veían impecables, eran las que más espacios huecos tenía al interior, es decir que tarde o temprano se terminarían rompiendo, y el nuevo trabajo quedaría malo, entonces no solo quitamos las cerámicas sino que también el pegamento hasta llegar al fundamento, y al fundamento le picamos pequeños agujeros para que el pegamento se aferrara y las cerámicas quedaran bien adheridas, el proceso de poder el piso debe ser muy cuidadoso, con medidas, niveles, todo tiene una manera de hacerlo, incluso las primeras cerámicas no se comienzan a poner desde la pared más derecha como lo hubiera hecho yo, sino que todo obedecía a una técnica cuidadosa, el pegamento quedaba tan bien esparcido, con una herramienta se hacía unos surcos, donde finalmente iba a cerámica, separada de otra cerámica por una medida dictada por un separador, finalmente el piso quedó perfecto, mi amigo hizo un excelente trabajo, hay personas que lo van a buscar a su propia casa para que realice trabajos nuevos en pisos, porque su trabajo no solo se ve perfecto cuando lo termina, sino que permanece en el tiempo, porque está desde el fundamento bien hecho.

La verdad es el primer fundamento que todos deberíamos tener en nuestras vidas como hijos de Dios en un ministerio, iglesia, llamado, etc. es la verdad, porque Yeshúa es la verdad, la palabra es la verdad y todo lo que edificamos viene de ella, pero hoy en día aunque quisiéramos que sea así, hay mucho que ha sido edificado en otros fundamentos que no son la verdad, Yeshúa es la Piedra angular, en donde el fundamento de apóstoles y profetas es puesto y sobre ese fundamento todo el edificio que es el cuerpo de Mashiaj, es edificado.

Un Esdras debe comprender que hay un arma poderosa que es la Palabra de Dios, la cual es una espada de doble filo, y esa espada es la verdad, es Yeshúa mismo, es su esencia con la verdad podemos confrontar la mentira y romper falsos fundamentos, la verdad se establece cuando halla el lugar para ella, la verdad no se establece donde no es aceptada, donde no es tolerada, la verdad trae liberación, libera de todo falso fundamento, argumentos, etc.

Hoy en día la verdad debería ser el comienzo de todo ministerio, de toda Iglesia, de toda edificación, sin embargo muchos comienzan en mentiras, en verdades a medias y, debemos recordar que una verdad a media, aunque tenga un ochenta por ciento de verdad ese veinte restante es como la levadura, que leuda toda la masa, es ese pequeño chorro de agua fría que provoca que una taza de agua caliente se haga tibia, y ser tibios es lo que provoca que Yeshúa nos vomite, por esta razón es de suma importancia que nos estemos examinando constantemente, ser sinceros, legítimos y honestos con el Señor, pedirle a él que nos muestre qué área de nuestra vida, no está fundamentada en la verdad, qué hay en nosotros que es tibio y nos separa de él, qué áreas de nuestra vida tiene espacios vacíos o no son estables en él.

Hay una verdad que debemos considerar en el caminar diario que tenemos como hijos de Dios, que aplicarla, nos ayudará mucho a crecer y desarrollarnos, es el de hacernos ignorantes, delante del Señor, y hacerse el ignorante no es como hacerse el muerto o algo por el estilo, más bien es realmente reconocer que somos ignorantes ante la grandiosa sabiduría que nuestro Señor tiene, y que está totalmente dispuesto a compartir con los hijos que tienen hambre y sed de él.

Yeshúa identifica a quienes anhelan y desean más de él, de su esencia, quienes lo buscan como un ejemplo a seguir, y él quiere revelarse a los que lo buscan, es importante la humildad en esta búsqueda, reconocer nuestra ignorancia, nuestras debilidades, nuestras limitaciones, no es para nada malo, más bien es algo muy bueno, cuando reconocemos que hay situaciones en nuestra vida que no podemos controlar, que no podemos sobrellevar, que se nos escapa de nuestras manos, es ahí cuando Yeshúa viene a ayudarnos, a restaurarnos, a guiarnos y enseñarnos, la realidad es que Yeshúa debería ser siempre nuestra primera opción en el diario vivir, como una persona dijo una vez, el plan A es buscar a Yeshúa y el plan B, el Plan B no existe, porque Yeshúa nunca fallará.

La dinámica del Reino de los Cielos funciona con las leyes espirituales por sobre las naturales, porque lo natural fue creado a partir de lo espiritual, entonces cuando nacemos de nuevo, es necio querer seguir viviendo bajo las leyes naturales, porque la dinámica del mundo ya no funcionará para nuestras vidas. Al ser quienes caminan bajo las leyes espirituales, nuestra perspectiva de la vida cambia, Yeshúa es el centro de todo, porque él es la verdad y la palabra hecha verbo, y todas las leyes espirituales nacen de él. Es Yeshúa quien nos enseñará a avanzar, a crecer a caminar regidos por esas leyes, él nos enseñará a aplicar esas leyes, Yeshúa siempre está ahí, cerca de nosotros, y somos nosotros los que a veces perdemos la conciencia que él está ahí, en realidad nunca se ha ido, es omnipresente a través de su espíritu él camina siempre junto a nosotros Yeshúa es la verdad, y tener una relación estable con él, es lograr que él sea establecido en nuestras vidas, pensar que la vida de hijos de Dios está limitada a una Iglesia cuando el concepto de Iglesia es cuatro paredes, un lugar físico, donde nos reunimos una vez a la semana, y que lo secular, es otra faceta de nosotros, en realidad nos hace ser personas de doble ánimo, porque para el pueblo de Dios, el concepto de secular ya no existe, porque comprendemos que somos hijos de Dios al 100 por ciento, el 100 por ciento de nuestra vida, en todo lugar, en todo tiempo, en todo momento, un hijo de Dios sabe que ahora ya no camina en la carne, sino en el espíritu y caminar en el espíritu es hacerlo con Jesús, cuando él va con nosotros, entonces vamos seguros, todo lo que hacemos tiene un fruto, porque ya no hay un sin sentido, una rutina, una vida vacía, sino que estamos caminando con el Rey del Universo, en realidad, somos nosotros los que debemos aprender a caminar con Jesús, él nos guiará a los destinos más extraordinarios que podamos ver.

Si quieres que Jesús esté en primer lugar en tu vida, te invito a hacer ésta oración.

"Amado Jesús, reconozco que muchas áreas de mi vida no las he entregado a tu Señorío, y que eres tu quien las debe gobernar, hoy te las entrego, para que hagas en ellas tu voluntad, reconozco mi ignorancia y necedad y te pido perdón si no he reconocido que he sido orgulloso, pero hoy me arrepiento, y te pido perdón por mi orgullo e independencia ven a mi vida, guíame, enséñame, dirígeme, quiero vivir la aventura de caminar a tu lado, te pido que te reveles a mí, amado Jesús te entrego mi corazón, Amén".

EL ESPÍRITU DE ESDRAS

···POR MAX URBINA ROJAS···

www.ingramcontent.com/pod-product-compliance
Lightning Source LLC
Chambersburg PA
CBHW030241160726
47987CB00020B/486